等身大のスターたち

網代 栄
AMISHIRO Sakae

文芸社

はじめに

近年も多くの昭和を代表した各界の巨星たちが逝ってしまった。一代の清純派女優・八千草薫も旅立った。享年八十八。昭和どころか平成も終わり、令和新時代を迎えたのだから、昭和の大スターたちが次々と世を去っていくのは必然ではあろう。

自分も間もなく古稀《こき》を迎え、たとえ人生一〇〇年時代などと叫ばれても、やはり終活を意識するようになった。そこで、これまで日常の中で出会った昭和の大スターたちを思い出してみたら、意外に多くの出会いがあったことに気付く。彼ら彼女らを回顧することは時代を語り、自分を語ることでもある。

現代はスターたちにも庶民と同じ良識や公共心が求められ、もはやスターを取り巻く社会的環境が激変してしまった。今後、この傾向はさらに強まり、〝雲の上の存在〟たるスーパースターは、もう生まれないのかもしれない。

しかし、便利な世の中になったものだ。どんな有名人でも、ちょっとグーグルで検索すればおおよその経歴がわかる。その経歴を見ていくうちに、出会いの記憶が鮮やかに甦《よみがえ》ってくるのだ。私たちの世代には、ちょっとした脳トレになり、精神、肉体的にも老化防止になるのではないか。

それでは、等身大のスターたちの問わず語りを始めてみるが、まずは長嶋茂雄・ミスタープロ野球から（尚、失礼ながら敬称は一部略させて頂いた）。

目次

等身大のスターたち

1. 長嶋茂雄　いまだミスタープロ野球

近年体調を崩したようだが、幸いにも退院し自宅療養後、元気な近況がマスコミを通じて伝わってはいるが、もう公の場にはあまり姿を現すことはないのではないか。それでも、私にとっては永遠のカリスマである。彼を間近に見たのは一度きりで、時間にして十秒あったかどうか……。場所は後楽園球場（現東京ドーム）の選手ロッカーに続く通路。

はるか四十年強も前の第一次長嶋監督時代のことだ。確か一九七〇年代の後半で、私はある通信社の運動部で、〝坊や〟をしていた。記者の電話送稿を受けてメモしたり、運動部部長の神業のようなその添削後の原稿を清書し、編集デスクに届けるなどのアルバイトをしていたのである。

その夜はプロ野球担当の記者のお供で、憧れの後楽園記者席に連れていってもらい、ナイター観戦をさせてもらった。記者氏は大洋（現横浜ＤｅＮＡベイスターズ）担当だったから、巨人―大洋戦だったかもしれないが、勝敗とともによく覚えていない。覚えているのは、この夜、初めて人間から後光が差すのを見たということ。

ゲームを終えベンチ裏通路を足早に監督室に向かう長嶋の周りには、一言でもコメントをとろうとする記者が群がっていた。その時、長嶋の周囲の空気だけが違っていて、ポワーッとした陽光のようなものが、本当に差していたのだ。例のハスキーボイスで、歩きながら「ウンウン」といいつつ記者の問いに答える彼の後ろには、ずっと淡い光が漂っていた。

よく覚えていることがもう二つある。当時、打撃不振に陥っていた王のアットバット（打席）では記者氏が、

「オイ、アミシロ。王が一本足で上げた右足が着地する時に、踵《かかと》から降りずつま先を開いて降ろしていないか、注意して見とけや……」

といったことが一つ目。つまり、打撃の基本である〝身体の開き〟に注目せよ、と教えてくれたのだ。

強打者はことごとく、投手に向かう前の肩の開きが遅い。また、つま先が開けば連動して前の肩が開き気味になり、バットをボールに最短距離でぶつけにくくなるのである。いわゆる「ボールを迎えにいく」形となり、理想とするボールを手元まで呼び込むことができにくくなってしまう。

まさしくこの時の王は結果を出そうと打ち急ぎ、ボールを迎えにいっていた。普通、踏み出す足がつま先から開くと、タメができずヒットましてやホームランなど打てない。

ところが、長嶋は若い全盛時代からあごは上がり、顔はレフトスタンドを向いていながら、ライト方向へ鋭い打球を飛ばすことができた。前足と左肩が開いても、天性の反射神経でバットコントロールができたからである。だが、さすがに晩年は下半身の粘りが利かなくなり、バケツ足（前足が開く）のバッティングが加速し急速に打率を落としていった。そんなバッティングフォームに象徴されるように、予測不能なプレースタイルの神秘性が観客を熱狂させたのである。

しかも、本当にここぞという時に痛打するチャンスにすこぶる強いクラッチヒッターであった。Ｖ９の川上巨人は、ひとえに長嶋のバットに頼っていたのだ。この点が宿命のライバル王とは決定的に違う。王はＶ９時代、日本シリーズで一度もＭＶＰになれなかった。

いい古されたことだが、

「記録に残るのが王、記憶に残るのが長嶋」

で、この事実は動かしようがない。

覚えていることの二つ目は、ハリさん（張本勲《はりもといさお》）の名調子である。この夜、記者氏に命じられて、ハリさんが囲みの記者に語るコメントをメモしてある通信社に送稿したので、一生の思い出となった。彼は打者としての安打製造機ぶりはもちろん凄いのだが、球界屈指の語り部としても名高かった。それに、若い頃は容貌が長嶋に似ているといわれ、事実当時の写真を見るとよく似ている。

記者たちは長嶋が足早に監督室に消えた後、張本の饒舌《じょうぜつ》なコメントをとろうと、彼の周りを取り囲んだ。彼らが知りたかったのは、打撃絶不調の王にヒットエンドランのサインがベンチから出たのか、ということ。その返答に驚かされた。

出たとも出なかったとも言質を与えず、いつの間にか王の復調は近いだろう、という話に巧みにすり変えてしまったのである。長嶋は監督初年度、巨人軍史上屈辱の初の最下位となり、次シーズンに向けてパ・リーグの超大物・張本をトレードで獲得した。これには伏線があった。長嶋が三十七歳で引退した後、打線の核は当然王になったが、彼は長嶋の後を継ぐ勝利に貢献する4番にはなれず、長嶋は「ミスタープロ野球」という自分に取って代われる存在がいないことを思い知らされたのである。

張本は移籍すると実によく打ち、安打製造機ぶりを見せつけた。あわや首位打者を取る勢いで、最下位からの劇的な優勝への立役者となる。まさに〝メークドラマ〟で、このフレーズはこの後数々放った〝長嶋語〟の典型となった。

長嶋の声はキーが高く、カタカナ英語をちりばめた独特のもので、つまり〝長嶋語〟といわれた。彼は残り試合でゲーム差を劇的にひっくり返してセ・リーグ制覇することを、〝メークドラマ〟といったのだが、英語的には「劇を作る」であり、何だか芸能界のディレクターやプロデューサーの言のようだ。しかし、日本人のジャパニーズイングリッシュのニュアンスでは、「劇的な筋書きを描く」という感じがするではないか。

もっとも、長嶋はプロデビューの時から、まさにメークドラマ的だった。「昭和三十三（一九五八）年、巨人軍入団以来……」は、彼の後楽園球場（東京ドーム）での引退試合での有名な言葉だが、昭和四十九（一九七四）年、私の大学卒業年に引退するまで、数々のドラマチックなシーンを演じてきた。

まずプロデビュー戦、対国鉄（現東京ヤクルトスワローズ）で、金田に4打席4三振を食らい、手痛いプロの洗礼を浴びる。その不世出の400勝投手・金田正一も最近亡くなった。今や、昭和プロ野球のレジェンドは、ほとんど旅立ってしまった。

そして、昭和プロ野球史のエポックメーキングとなった、あまりにも有名な天覧試合での劇的なサヨナラホームラン。大の相撲好きであった昭和天皇が唯一観戦したプロ野球伝統の巨人―阪神戦で、長嶋はゲームエンディングホームランを放ったのである。これはまさしくメークドラマだ。

この時、打たれた阪神の村山は、生前、「あれはファウルだった」といって譲らなかった。その村山も、阪神・淡路大震災で被災し、数年後に精神的ショックから体調を崩し帰らぬ人となった。

また、こういう場面も強烈な印象として残っている。やはり、伝統の巨人―阪神戦の一夜、確か甲子園球場で回は9回表。投げるは当時準エース的な活躍を見せていた上田二郎。彼はこの時まで、あわや巨人を相手にノーヒットノーランを達成しようかという快投を見せていたのである。

9回表2アウト、ここで長嶋に打席が回ってきた。この時の打席に向かう姿を、私はテレビの実況で見ていた。自分が大記録達成の最後の打者になるかもしれない。ところが、画面上の彼は肩をグルグルと回し、バットをビュンビュンと振り回し打席に入った。その姿に驚いたというより、呆《あき》れてしまった。

「長嶋にはアガルとか、緊張するとかいうことはないのか……」

明らかに長嶋は、この緊張感を楽しんでいた。そして、三遊間へいかにも渋いゴロのヒットを放ち、一塁ベース上で上田に、

「辛抱せよ、これがプロだ！」

と諭すように、右手の平を上下させ合図を送った。その一方、捕手の田渕はへたり

込んでしまったのである。いやぁー、シビレましたね。

巨人を追われて長い浪人生活を経て、監督に復帰した第二次長嶋巨人時代の中日との一九九四（平成六）年十月八日の決戦も忘れられない。何がメークドラマ的だったかというと、この日がセリーグ・ペナントレースの最終130試合目で、どちらか勝ったほうがセ・リーグの覇者になるのだった。

長嶋はある意味たかがプロ野球のこの一戦を〝国民的行事〟といったが、まさに自称〝オーバー会の会長〟らしい表現。彼はローテーションなど無視して、当時の先発三本柱を、槙原―斎藤―桑田の順で、必勝リレーさせ6対3で勝利した。ビジターでの優勝を中日ベンチで、黙って見届けた高木守道監督の姿が印象的だったが、その彼も先頃亡くなってしまった。

長嶋は大往生といわれた稀代の400勝投手レジェンド・金田正一の葬儀で、参列は無理と思われたが列席し、献花を捧げ参列者を驚かせた。それでも衰えは隠しようもないが、今もメークドラマの主役だ。そんな彼が……とは考えたくないが、その時が私にとってプロ野球の終焉《しゅうえん》になるのだろう。

2．勝新太郎　シャイな座頭市

私が出会った昭和のレジェンド二人目は、俳優というより役者といったほうがふさわしい勝新太郎。だが、実際は出会ったというより見に行ったというべきか。それは確か昭和四十七（一九七二）年、勝プロダクション製作の実兄・若山富三郎主演の映画「子連れ狼　三途の川の乳母車」の有楽町での試写会だった。

大学の三年で、学友の一人がどこかから試写会のチケットを手に入れ誘ってくれたのである。思えばもう五十年近くも前のことなので、細部の記憶は定かではない。映画の上映前に松尾嘉代やその他の出演者たちが登場し、ステージ上で司会者のインタビューを受けた。ところで、松尾嘉代は当時テレビや映画でかなり売れていたのに、最近は全く姿を見せない。引退宣言をしたわけではないらしいが、今や完全に「あの人は今……」状態だ。私にチケットをくれた学友がしきりに、「いい女だなぁー」といっていたのを、妙に覚えている。

試写会では定番のようだが、長い前振りが終わり、満を持して勝新がステージに現われた。彼にもやはり後光が差していて、一気にステージ上が華やいだ。でも意外だったのは、思いのほか小柄だったこと。公称一七〇センチというが、若い頃と違いすっかり肥満体になっていたから、横幅が増し小さく見えたのかもしれない。

ところが、一度《ひとたび》座頭の市さんよろしくボソボソトークが始まると、彼が大きく見えたから不思議である。その何げないトークの内容は今にして思うと、当時の邦画界に対する彼なりのアンチテーゼだったような気がしてならない。

邦画界はかつての娯楽の王者時代が忘れられず逼塞《ひっそく》状態に陥っていた。エンターテイメントの多様化に対応しようとせず、旧態以前の企画物に終始し、観客が激減していく。となると、かつての銀幕のスターたちの出番が減ってしまう。映画よりもテレビがもう娯楽の王者として定着し、一九六〇年代の後半には映画大手五社（新東宝、松竹、大映、東宝、東映）によるブロッキング体制が崩壊した。

かつての銀幕のスターたちはすでに中年の盛りを越し、生き残りのために三船プロや中村プロなどのオーナー＝映画スターの自主制作プロダクションが出現したのである。

彼らは邦画全盛時代、まさしくスーパースターであった。それが昭和も四十年代（一九六五〜）に入ると、大映が永田雅一の放漫経営からつぶれる。日活はロマンポルノ路線にかすかに活路を見出す。東映も高倉健さんをもってしても、任侠物はマンネリ化し実録ヤクザ抗争物（「仁義なき戦い」など）にとって代わる。

こうなると、いくら映画スターと謳《うた》われた裕次郎、錦之助や三船、勝新らは本編（映画）にこだわってはいられず、テレビに進出するしかなかった。それでも、彼らは邦画黄金時代の寵児《ちょうじ》だっただけにテレビでは満足せず、どんぶり勘定ながらも自主製作プロダクションを立ち上げ、矜持《きょうじ》を保とうとしたのである。

その夜の試写会で勝がボソボソと述べた。

「ある人にプロダクションを立ち上げようと思うといったら、『資本金はどのくらいあるの』と聞いたので、そんなもんないと答えたんです……」

それはそうだろう。自らよく勝新－遊び＝0と、公言していたほどの豪遊ぶりだった。目玉の「座頭市」の他、田村高廣との名コンビで大ヒットした「兵隊やくざ」、田宮二郎と組んだ一匹狼のやくざ・八尾の朝吉役の「悪名」などの大映ドル箱シリーズを三本持った勝は、巨額のギャラを手にした。

取り巻きをごまんと連れて連夜呑み歩き、それこそ一種の禁治産者。これをそっくり踏襲して勝の子分よろしく借金にまみれて、最後は北九州のキャバレー回りで、宿泊先のホテルのトイレで多量に血を吐き自爆したのが、第一回日本レコード大賞「黒い花びら」を歌った水原弘（享年四十二）。

二人に共通するのは稼いだギャラをストックせず、もっぱらフローに徹し取り巻きを何十人と連れて朝まで痛飲して死期を早めてしまった。勝の晩年は祇園《ぎおん》の芸妓《げいこ》の元に毎夜のごとく通い散財し、さすがに金を落とせず、花街でも持て余し気味だったという。

一時、サイドビジネスで原宿だったかにステーキハウスを開いたが、夜な夜なオーナーの勝新が現れ、

「どうだい、肉は美味いか。なーに、勘定なんかいつでもいいんだよ！」

とやったから、すぐつぶれた。

ステージ上で本意ではなかったろうが、映画のプロモートと割り切り、笑いをとるツボを心得たトークを繰り広げる彼の姿には、どこか淋しげでシャイさが漂っていた。こっちはその時、二十歳をいくつか超えたばかりの世間知らず。対する勝新は一時の勢いのかげりが見えたとはいえ、れっきとしたスーパースター。

それでも、どこか鬱屈した彼のトークを聞いていると、

「映画スターも、けっこう身過ぎ世過ぎは大変なんだぁー」

と、思った。試写上映前に、主演の実兄・若山富三郎が愛くるしい子役の大五郎を、例の特殊乳母車に乗せて登場し、満場の喝采を浴びた記憶がある。勝が「お兄ちゃん……」と呼びかけ話をふったのは確かである。

勝や錦之助に裕次郎らかつての銀幕のスターたちは思いの他早く世を去り、結局、誰一人脇役を演じずに役者人生を終えた。そこに、老け役を怖がり主役にこだわった戸惑いを、どこかに感じる。歳を重ねることを受容し、一歩引いた役をさりげなく演じるのが、真の役者というものではないか。だが、それは市井のサラリーマン管理職

が辿《たど》る道と同じでしかないともいえる。

勝新は体質的に、それには耐えられなかったのであろう。自主プロダクションを立ち上げざるを得なかった銀幕のスターたちは、そろって中年以降遊びは芸の肥やしと豪遊痛飲し、あるいは無謀な企画物で破産するなどして、ことごとくストレスから肥満していった。当然、身体の線は崩れ二枚目はふさわしくなくなり、得意のアクション演技もさびついていく。その矛盾に苦しみ、ますます遊興に逃れ死期を早めてしまったと思う。

でもあの日あの時、勝のボソボソトークを生で聞けたのは、値打ちもんであった。小市民の自分とはかけ離れた、無頼派スターの肉声に接したからである。

勝新といえば〝座頭市〟だが、私はテレビの「痛快！河内山宗俊」のほうがずっと好きだった。まさに痛快で、見るたびにスカーッとし、ホロッとなり共演陣も彩り豊か。映画版と違いテレビ版の座頭市は、勝の悪い背伸びの面が強く出て、変に難解で似非《えせ》芸術家めいていた。

勝新は自分の出演作を自ら演出したがり、その監督ぶりは典型的な〝役者の演出〟

だったそうだ。これは藤山寛美にもいわれた。テレビの座頭市を撮っていた時は台本はないに等しく、勝のイメージでストーリーを口立てし、撮影当日の朝にロケ地が決まるなどはざらだったという。

長唄三味線方の杵屋勝東治の次男（長男は若山富三郎）として生まれ、二代目杵屋勝丸を十代で名乗り、深川の芸者衆に稽古をつけるなど邦楽に浸っていた。その後大映入りし、当初はその美男ぶりから第二の長谷川一夫の線で、典型的な二枚目をやらされ鳴かず飛ばずの存在だった。だが、一度《ひとたび》売れ出すと豪遊ぶりが話題となり、どういうわけか晩年は前衛芸術家気取りとなってしまう。

勝の根底に学歴その他のコンプレックスが内在し、

「俺は座頭市役者で終わりたくない。もっと芸術性の高い作品を作って主演したい……」

という上昇志向があったのではないか、と思うのだ。〝豪放磊落《らいらく》〟〝無頼派〟〝宵越しの金は持たぬ〟〝遊びは芸の肥やし〟と虚勢を張ってはいたが、実はインテリゲンチャに憧れていた。そうでなくては、晩年の前衛的な作風の説明がつかない。

だから、「影武者」で世界の黒澤に近親憎悪的なジェラシーを感じ、精一杯の反抗をするしかなかったのだろう。その黒澤とて勝と同じく、晩年は彼の真骨頂の娯楽映画の傑作とは及びもつかぬ芸術めいた自己満足の駄作に終始した。二人に共通しているのは、大衆から支持された娯楽作を否定したことにある。

それにしても、「影武者」は仲代達矢ではなく勝新で観たかった。なぜなら、仲代の影武者は武田信玄そのものであり、歴史に見捨てられたただの信玄似のはぐれ者のおかしみ、滑稽さ、悲しみなどを全く表現できぬ典型的な思わせぶりの新劇役者の演技だったからである。だからこそ、勝の「影武者」は絵になったと思うのだ。

3．古今亭志ん朝　住吉踊りを復活

二十年以上前の夏休みの八月のある日、思い立って寄席に行った。〝浅草演芸ホール〟に行ったら、なんと昼の部の主任（トリ）が古今亭志ん朝と大きく出ているではないか。

「あの志ん朝が聴ける！」

後から知ったのだが、志ん朝は毎夏のお盆に、浅草演芸ホールの中席でトリを務めていたのである。そして、終演後に出演者一同で、「住吉踊り」を披露していたのだ。それは通常の演目後の〝大喜利〟として、大勢でかっぽれや奴《やっこ》などを踊るというもの。ところで大喜利といえば〝笑点〟のそれと思いがちだが、あれは大喜利の一形式で、本来は芸人のサービス芸だから、踊りも大喜利の一つなのである。

で、その住吉踊りを復活させたのが志ん朝。この住吉踊り、ちょっと調べてみると落語家の手なぐさみなどと馬鹿にできないとわかった。志ん朝は落語家として充実期に入った四十代の初め、寄席の彩りとして番組編成上、噺《はなし》ばかりではなく、客席の目先を変えて喜んでもらう何かをと考え始めていた。それには踊りを日舞の素養として学び披露しようと、八代目の古典芸能に通じた雷門助六に本格的な指導を仰いだのである。

さらに気心の通じ合った芸人仲間を誘い、皆で本格的に踊りの稽古に励み、五十人ほどの座を組み、自ら座長となる。六十三で亡くなるまで毎夏、浅草演芸ホールの昼席で大喜利の呼び物として芸人踊りを披露した。志ん朝のライフワークの一つだった、といえるだろう。

今こうしてみると、私がただ一度住吉踊りを鑑賞したのは、どうやら志ん朝が亡くなった前年の二〇〇〇年の夏だった、とわかってきた。なぜなら、翌年もお盆の時期になったら、ぜひ観に行こうと思っていたからである。ところが、二〇〇一年の十月一日に、肝臓がんのため自宅で、家族や多くの弟子たちに見守られながら志ん朝は息をひきとった。結局、その年の住吉踊りは見逃してしまったのだが、もれ伝わるところによると、彼は恒例の座長を務めた後、体調を崩したという。

愛する人々に見とられた大往生だったそうだが、それにしても六十三歳の死は若過ぎた。一方で、「やっぱりなぁー」という思いもする。父の志ん生—兄の金原亭馬生いずれも大酒家で、酒といえば美濃部（本姓）家のお家芸のようなもの。馬生は朝目覚めると、寝床でビールの小瓶を一本空けるのが常。若い頃から老け顔で、五十四歳の時食道がんで亡くなったが、もっと齢がいっていると思った。

父の志ん生といえば空襲が怖くて家族を残し、一人盟友の三遊亭圓生と旧満州へ疎開し貧乏旅興業に出た。本心は向こうなら酒が自由に呑めると思ったという酒仙。さらに凄いのは、終戦後ロシア兵がやってきたら何をされるかわからないと、もらい物のウオツカ六本を呑みほし死のうとしたが生き残った、という強靱《きょうじん》な体力の持ち主。

志ん朝の酒といえば、死後に弟子たちが無念の思いでよく語った。

――師匠はよく呑んだし、第一酒そのものが好きだった。あっちこっちで呑んで深夜帰宅するのが常。それはいい。でも、枕元でブランデーの寝酒をしながらタバコを吸う、速記本をさらう……。あれさえなかったらなぁーと、つくづく悔しい――

それが原因だったか、若い時から糖尿の気が強く、時に入院加療していたという。さらに兄の馬生と同じく、長年の大酒のせいで肝臓にもかなりのダメージが蓄積されていたのであろう。

さて、昼席のトリで演じたのが〝火焔太鼓〟。志ん朝の極め付き十八番《おはこ》の一つ。

「あーら、いやだよおまえさんたら……」定評があった江戸市井のおかみさんの様子ぶりときたら、それこそ目の前に江戸が彷彿したものだ。

志ん朝が下座の出囃子《でばやし》「老松」に乗って高座に姿を現す時の明るさ、色っぽさ、艶やかさといったら口では説明のできぬもので、この点、今人気絶頂の落語家たちの誰にも感じない。それこそ〝緑の窓口〟（新作落語）ではないが、立川流の彼ら誰もがJRの職員のような感じでしかない。寄席で鍛えられていないから、彼らの噺がどんなに巧みでも、究極的には素人の芸達者の域を出ていないように映る。

だから、高座に上がってくる姿に、志ん朝のような後光が差すわけもない。彼は登場するだけで、周囲から発せられるオーラで客席全体が熱を帯びたのである。一言でいうなら、

「オーッ、出てきた志ん朝が！」

私は彼の登場で、何か自分がひどく照れ臭くなってしまった。それほど恍惚《こうこつ》となったのである。まさしくスーパースターであった。ルーティンに則って優雅に羽織をスーッとはずし、さり気なく客席の雰囲気を見回し、誰かのように長々とマクラを振らず、といっていきなり噺に入る野暮はせず、季節感に富むマクラをサーッと振り、気がつけば、

「アッ、噺に入った……」

彼の高座の特徴はまず定評の口跡の良さ。次に連射砲のようなテンポはいうに及ばず、実は身のこなし、特に手指の所作にあった。中でも女性の身ぶり手ぶりが艶っぽかった。天性でもあったのだろうが、住吉踊りを復興させようと本格的に日舞を稽古した努力の末、身についた芸という一面もあったと思う。

そして、張りのある明晰《めいせき》な口跡。これは紛れもない天与の物で、正真正銘の江戸弁である。速射砲のごとくとたとえられたテンポで一気に語りかける口調が絶品だった。

だが一方、落語通の長老たちから、

「志ん朝の噺は一本調子で、何を聴いても同じ薫りしかしない」

と揶揄《やゆ》されることもないではなかった。

もしそうだとしたら、噺をとことんつきつめ、演目を絞りに絞った志ん生と並ぶ昭和の名人と称された桂文楽が、

「円朝の跡を継げるのは、志ん朝しかいません」

などと、絶讃するわけがない。

その文楽と対照的な芸風の志ん生を父に持ったのが、不思議というものだろうか。文楽と志ん生を対比して、落語通はよくいったものだ。

――どんな噺家でもウンと修業を積めば文楽にはなれるかもしれないが、志ん生にはなれない――

息子の志ん朝は一つ屋根の下で志ん生と暮らしていたからこそ、「オレが親父になれるものか。とても敵わない。オレは文楽師匠の芸を範とする」という思いに至ったのである。それほど、志ん生はいわば〝全身落語家〟であり、〝天衣無縫、豪放磊落、破天荒……〟などと称された。また、志ん生は、〝草書の芸〟文楽は〝楷書の芸〟などとも評された。

志ん生はいきなり、「そういうわけでありますから……」と、高座の口を切ったりする。まさに八方破れ、出たとこ勝負のまくらである。普通は「～がありまして」があって、そういうわけで……と続くのだが、志ん生はいきなり「そういうわけでありますから」と入るからで、聴衆は一瞬何だかわからず間が空くのだが、すぐにたまらなくおかしくなるのである。

一見無手勝流に見えるのだが、実はそれは志ん生の一面をとらえているに過ぎない。本人が人前で曖《おくび》にも出さなかったから、業界人や家族のみが知るところであったが、志ん生ほど落語を人知れず稽古し研究した芸人は少ないのである。まくらのネタにと、夜店の古本屋でフランスの小噺集などを買ってアレンジしていたというし、脳出血の後遺症で身体、言語にも障害が残った後でも、自宅でリハビリに努め、奇跡的に高座に復帰した。その際の稽古ぶりに、志ん朝は「これが本当の親父だったか」と、目を見張ったという。結局、志ん生は二人の息子よりも長い年齢まで生き、八十四年の長寿を全うしたのである。

志ん朝は大看板の志ん生の息子で、その才を名人・文楽から絶讃されるなど、ある意味、満を持してのデビューを飾った。ただし、本人は獨協高校を卒業後、外交官を目指すが途中で役者志望となる。が、父の願いに最後は従い落語家の道を選ぶ。

前座から二ツ目に進んだ時、テレビの黄金時代と重なった。演芸番組ばかりではなく、ＮＨＫテレビドラマの「若い季節」のレギュラー出演で全国的な人気者となり、ラジオや映画、芝居にも活躍の場を広げていったのだが、ある時期から落語に専念するとし、それ以外の芸能方面から一切身を引いたのである。

それからは意欲的に落語勉強会や独演会をこなしていき、古典落語一筋を追求していった。しかし、決して自分のファンのためにだけではなく、浅草演芸ホールの住吉踊りを復興させたように、寄席へ出演し続けた。弟子たちによく、「寄席が一番、楽屋が二番」と諭していたという。マニアばかりのホール落語ではなく、千差万別の客が集う寄席の高座でこそ、落語家は育つ、という信念である。

名古屋の客入りのよくなかった「大須演芸場」で、席亭を助けるべく一九九一年から多くのファンが遠方から駆けつけるようになった独演会は、すぐにキップのとれない独演会となる。それほど寄席を愛し、また大切にした証しであろう。

その点が現在人気を誇る立川流の落語たちと決定的に違う。彼らは高額のチケットを買ってくれる自分のマニア向けに落語を語っているにすぎない。技量は別として、真の落語家が持つ艶やフラ（天性のおかしみ）がなく、単なる人気タレントである。もっとも、立川流祖・談志が落語協会を脱退したから、本人はむろんその弟子たちも寄席に出たくても出られない、という一面もあろうが……。

だが、談志は晩年がんの恐怖におびえながら、その恐怖をまぎらわすために、しきりに寄席に顔を出した。

「誰かが抜いたら（ドタキャン）、俺が上がるよ……」

などと口にしたという。何のことはない、いくら「落語は人間の業である」などと意味不明な理論武装をしても、結局、寄席に帰ってきたかったのだろう。

若手時代に志ん朝のライバルと目されたが、例の三遊亭圓生の落語協会脱退騒動の末、二人は激しく反目しあった。結局、志ん朝は協会に残り、談志は出ていき立川ブランド――立川流を立ち上げるしかなかった。

一方、志ん朝は紛れもない名人と称されたが、若き頃のタレントや役者としての活躍を完全封印してしまったのが惜しまれる。「若い季節」での役者ぶりは颯爽としていて、共演の水谷良重（現八重子）が呼んだ、まさに「若旦那」と、声をかけたくなる品の良さが備わっていた。

年に一度でよいから、テレビの鬼平特番でお頭お気に入りの〝忠吾〟役を観たかった。

※尚、志ん朝は息子を〝忠吾〟と名付ける。

4．小谷実可子　水の妖精

豊橋からの上り新幹線車中で、小谷実可子をごく間近に見たのがいつだったかは定かではない。私の座席から、ほんの二、三列前の座席の肘かけに半身座りで、顔をこちらに向けていた。第一印象、「まさしく美型、妖艶」。

当時の彼女は現役引退し、おそらくシンクロナイズドスイミング（現アーティスティックスイミング）の大会にコーチとしてチームに同行していたのではないか。やはり、彼女の周囲にはオーラが漂い、若手選手たちに優しく微笑み話しかける姿は美しかった。

ところで、コーチとしてチームに同行……は誤りかもしれない。ＷＥＢ上で彼女の経歴を見ると、どうやらコーチ経験はないようだ。それにしても、小谷がソウル五輪で選手団の旗手を務め、競技ではソロとデュエットで銅メダリストになってから、もう三十年強も経つのか。私がシンクロナイズドスイミング（以下シンクロ）に興味を持ったのは、彼女の出現がきっかけである。

一九八八年、ソウル五輪での活躍で、シンクロがクローズアップされ、彼女は一躍スターとなり、マスコミからもてはやされるようになった。それまで彼女ほどの美形五輪メダリストがいなかったからである。また小谷にはそれを十分生かすタレント性が備わっていた。

私はシンクロスイマーやフィギュアスケーターにアスリートではなくタレント性を感じ、今一つスポーツという実感が湧かない。両選手たちとも想像を超える過酷なトレーニングを積んでいることは承知の上でだ。

小谷の競技人生は、ソウル後のバルセロナ五輪までは続かなかった。代表選考からもれてしまい、それ以降はスポーツコメンテーターやタレント活動、そして今では主にＪＯＣ（日本オリンピック委員会）関係の仕事で活躍している。もう、あまり出身のシンクロ界と密接な関係にはないようだ。

ところで、日本水泳連盟（ＪＡＳＦ）が二〇一八年四月から、唐突に「シンクロナイズド」が芸術性を追求する演技に適さないので、競技名を「アーティスティック」に変更したが、なぜそうしたのかよくわからないのである。英語で〝synchronized〟は形容詞で「同時に起こったとか、進行した、または時間的に一致した」などを意味する。まさに一人から十人までのルーティン競技で、同時演技する競技の特質をいい表しているではないか。それを芸術性にこだわり、〝artistic〟、つまり「芸術家の、美術家の」を意味する形容詞になぜかえたのか、今一つ納得がいかないのだ。

私が小谷を新幹線車中で見かけたのは、バルセロナ五輪後のことかもしれない。妖艶な彼女の姿からは、もうアスリートとしての鋭利さは感じられなかった。だが、気になったのは座席の肘かけに半身で座し、若手選手に語りかけるポーズを見られているというより、見せている意識が垣間見えたこと。そんな気がして、いささか興ざめしてしまった。

オリンピックで銅メダルを二つも獲得した実績は称賛に値し、その結果、シンクロの認知度は高まった。しかし、競泳のそれとは次元が違うだろう。たとえば、一九九二年、バルセロナ五輪で、十四歳の岩崎恭子が200メートル女子平泳ぎで奇跡的に金メダルを獲得した時の熱狂ぶりとは比べようがない。私はたまたま凱旋《がいせん》帰国し沼津に帰る彼女を、新宿の小田急線ホームで母と共に見かけた。

岩崎に比して小谷は、岩崎ほど日本国民誰もが知るヒロインにはなれなかった。その原因は、シンクロが採点競技だからではないだろうか。得点、着順競技と違い、シンクロの採点基準は、私を含めて多くの人々によくわからないと思う。

この点ではフィギュアスケート、モーグルやスノボ、スキーなども同じで、一般大衆には誰が勝者なのか、一目ではわからないのである。観客と専門審判員の見解が一致しないのだ。だから、「疑惑の判定」がよく起こるのではないか。

「何点取った、何秒で走った、何メートル投げた……」

などは、一目瞭然でわかりやすい。それに対して、柔道やボクシングでさえ判定による勝敗となると、不透明さが残る。だから、採点競技はマニアは別として、今一つメジャーになり得ていないのではないか。

それでは、なぜ小谷が岩崎ほどではないにしても国民的ヒロインになったのか。ヒロインではなく〝アイドル〟に置きかえると、何となく見えてくるものがある。岩崎も小谷も、オリンピック後に大手芸能プロが獲得に動いたという。マスコミが放っておかなかったのだ。事実、二人ともその波に乗り、引退後はタレント並みにレポーターやコメンテーターとなり、現在に至っている。

それは当然なのだろうが、やはり、どこか違和感を覚えてしまう。その思いは、先夜、テレビで偶然、兵藤秀子さんの特番を見て一層強くなった。兵藤さんとは旧姓前畑。あの伝説のラジオの実況放送、

「……前畑ガンバレ、前畑ガンバレ、ガンバレ前畑──」

で知られる第十一回ベルリンオリンピック（一九三六、昭和十一年）女子200メートル平泳ぎで、日本初の女性金メダリストに輝いた前畑秀子さん。

番組では脳卒中で倒れ半身にマヒが残ったものの、必死のリハビリでプールに戻った姿を紹介していた。母校の名古屋・椙山《すぎやま》女学園の職員として復帰後、後進の育成に努めると共に、一般の母親と子どもの水泳教室の指導者として、一心に水泳普及に尽力した。一九九〇（平成二）年には、日本女子スポーツ界で初の文化功労者に選出さ

れ、一九九五（平成七）年に亡くなるまで、まさに水泳に生涯を捧げた。

また、二〇一六（平成二十八）年までは水泳日本選手権の女子200メートル平泳ぎ優勝者に、〝前畑秀子杯〟が授与されていた。それは現在、〝岩崎恭子杯〟となり贈られている。テレビの特番では、岩崎が少女時代に何かの水泳大会で入賞した際、彼女ににこやかに賞を手渡す前畑さんのシーンも印象的だった。

「前畑ガンバレ、ガンバレ前畑……」と、二十回以上も連呼された前畑さんは、日本女子初の金メダリストという栄光に惑わされることなく、引退後に市井の人としての人生を歩んだ。

自分を世に出してくれた水泳界に少しでも恩返しをするかのように、派手な脚光を浴びる道には目もくれず、水泳の一普及指導員の道を選んだのである。その指導でも、かつての教え子の女性たちは、金メダリストの威光などひけらかさず、一度として声を荒らげることもなく、常に優しく励ましてもらい、どれほど勇気を与えてもらったかしれないと、異口同音に、テレビで語っていた。

時代が違う、と小谷や岩崎らの引退後の処世が前畑さんの時代と様変わりしたのは当然とは思うが、アスリートであったのを忘れたかのように芸能人化していくことに、私は共感できないのである。女子マラソンの有森や高橋らにも、何か勘違いをしているんじゃないか、という思いが強い。小谷をはじめ彼女らが当然のごとくＪＯＣ（日本オリンピック委員会）や、何とか大使になるのがよくわからないのだ。

彼女らは出身母体の競技の普及や若手育成に、今一つ深く関わってはいない。小谷がなぜ畑違いの世界陸上で、有名選手の動向のレポートを嬉々としてやっているのか。タレント性を発揮したいのなら、なぜ本気で芸能界に進出しようとしないのか。しかし、それが無理なことを彼女らはよく承知していて、安易なアスリート枠での脚光を浴びる道をマスコミの要求どおりに選んでいるのではないか。

今思えば、新幹線車中での小谷の振る舞いがそうであった。どんなに輝かしい戦績を残したアスリートでも、やがて肉体的に衰え落日する。そして、その後の人生のほうが長いのである。その処し方で、アスリートの鎧を捨て生身の人間として、真の価値が決まるのではないだろうか。

5. アブドーラ・ザ・ブッチャー　日本を愛したスーダンの怪人

さて、私が出会った五人目のヒーローはアフリカ系プロレスラー、アブドーラ・ザ・ブッチャー。プロレスファン以外の人にとってはその人誰？　と思うかもしれないが、実はそうともいえないのである。なぜかといえば、しばしば、「知名度ナンバーワン外国人レスラー」と呼ばれ、その圧倒的な人気でマンガやアニメのキャラクターモデルにもなったからである。フォークや五寸釘《ごすんくぎ》を凶器にし、ベビーフェイス（善玉）レスラーに、それらを本気で突き刺す極悪ヒール（悪玉）だったにもかかわらず、日本の老若男女のファンに愛された稀有の存在だった。

そんなブッチャーに出会ったのは、銀座の交差点。葉巻きをくゆらしながら、巨体をゆっさゆっさと揺らし私たちのほうに向かって渡ってきた。おそらく一九七三（昭

和四十八）年頃だっただろう。大学三、四年の時で、私と同様、大のプロレスファンの学友が気付き、

「アッ、ブッチャー、ブッチャーが来る！」

と、叫び出したのである。

一九七〇（昭和四十五～）年代のブッチャーは、ジャイアント馬場が率いた日本プロレス（後に全日本プロレス）の人気外国人レスラーで、馬場とは深い信頼関係で結ばれていた。CSテレビのプロレストーク番組で、当時の関係者が明らかにしていたが、ブッチャーにとって日本は天国で、馬場の経営者としての誠実な人柄に全幅の信頼を寄せていたという。

実は一度、後楽園ホールのロッカールームに馬場を、紹介者に連れられ訪れたことがある。その意味において、馬場さん（皆がそう呼んでいた）も私が出会った、〝等身大のスターたち〟の一人である。まず、やはりその巨体に圧倒されたが、お気に入りの葉巻をくゆらせながら、物腰優しく接してくれる姿に感激してしまった。もちろん、狭いロッカールームの馬場さんの座るパイプ椅子の周囲にはオーラが漂っていた。

そう、彼は馬場ではなく馬場さんと呼びたくなる心優しき〝東洋の巨人〟だったのである。

アメリカは現代でも想像以上の人種差別社会だという。白人レスラーの多くは黒人レスラーを毛嫌いし、ロッカールームで差別語で口汚く罵ることなど当たり前。ブッチャーもデビュー当時から、当然のごとくそれらの洗礼を浴びていた。ところが、縁あって馬場の日本プロレスに参戦すると、馬場さんはブッチャーに個室を用意させ、他の来日レスラーと隔離したのである。彼は外国人レスラー係のレフェリーに、

――おい、ブッチャーは他の奴とは別にロッカーを用意してやれよ。アメリカじゃ、ずいぶん嫌な目に遭っているらしいからな。特に今度呼んだＡは黒人嫌いで有名なんだ――

と指示した、と先のＣＳ番組の中で関係者が証言していた。まさに、馬場〝さん〟の人柄を表すエピソードである。ギャラは契約どおりきちんと払い、契約条項は厳守し、巡業中はそれなりの扱いをする。だから、多くの外国人レスラーたちが馬場さんの日本プロレスに呼ばれたがった。

しかし、馬場は団体のオーナーレスラーであり、ビジネスマインドも併せ持っていた。呼んだレスラーが聞くと見るでは大違いで、しょっぱいファイトで観客動員が見込めぬのなら、すぐに切って二度と呼ばない。また、来日後に人気が高まり、巡業中にギャラアップを要求するなどしたら、配下のレスラーにリング上で制裁を加えるように命じたともいう。

その点ブッチャーは増長することがなかったとはいえないが、多くの団体の営業担当者に、地方興業での集客力が高く地元のタニマチ（後援者）との宴席も厭わなかった、と好印象を持たれていた。

プロレスは〝gimmick〟ギミック（やらせ、からくり、仕掛け）の世界である。ブッチャーはアフリカ・スーダン出身の〝黒い呪術師〟として売り出されたが、実はカナダ・オンタリオ出身。父はネイティブアメリカン（インディアン）で、母はアフリカ系アメリカ人。子だくさんで貧しい家庭ではあったが、両親の愛を注がれて育ったという。

学校にも通い、日本でいえば中学生になると、柔道と空手のスクールで格闘技を学ぶ。極貧家庭の出で学校にも行けず、不良少年だったなどのイメージは、全くのギミックだったのである。これがプロレスというジャンルの面白さ、奥深さではないか。架空のキャラクターが、見る者の想像力を高め独り歩きを始めるのを、八百長《やおちょう》と切り捨てるのは野暮の骨頂というもの。

何もオリンピックや世界選手権で、最強ナンバーワンを決めようというわけではない。スーダンの極貧家庭から成り上がった〝黒い呪術師〟ブッチャー。自分を虐げた白人富裕層に報復しようと、五寸釘やフォークを用い突いてかきむしり悪の限りを尽くし〝villain〟悪役に徹する。そのファイトの過程で、愛くるしい表情との対比で「ブッチャー可愛い！」と、女性ファンの感情をかきたて、悪のヒーローとして人気が沸騰した。

今やプロレス界は大手、弱小を含め団体が乱立し、インディーズ（独立系）を含め、一体いくつの団体があるのだろうか。それぞれに所属するレスラーたちのテクニックは、ブッチャー全盛時代には及びもつかぬほど進化し、多彩な技を繰り出す。今風のイケメンレスラーが多く、若い女子や家族連れのファンが増え、芸能人の追っかけのようなノリをしている。

だが、昭和プロレスを知る身からすると、そのファイトやギミックストーリーは、何と平板で薄味のことか。現在のマット界は新日本プロレス（アントニオ猪木が創設）の独り勝ちの様相を呈している。その特徴は、東京ドームなどの大会場に満員の観衆を集め、これでもか、これでもかと華麗な飛んだり跳ねたりの空中殺法を繰り出し、一進一退の攻防で会場を興奮の渦に巻き込んでいく。

一言でいうと、女子家族向けの明るいプロレスである。詳しいことはわからないが、今や外国人の単なる悪役レスラーキャラは、必要とされていないのではないか。その役は、日本人レスラーの抗争として、一の線（ベビーフェイス）では売れない日本人レスラーが務めている。

つまらなくなったものだ。昭和プロレスでは、日本人レスラーと外国人レスラーの役割分担がはっきりしていた。だからこそ、ブッチャーの存在が際立ったのである。そのために、彼は自らカミソリで額を切り刻み流血を演出した。だから額に無数の傷痕がタテに走り、連日流血ファイトを繰り広げるので傷が生乾きでブヨブヨしていた。

それは銀座の交差点を渡ってきた時も、ハッキリと見てとれた。ギミックヒールとして徹底的に己の身体を痛めつけ、その代償が高額ギャラとなったのである。ブッチャーこそ、まさに真のプロフェッショナルレスラー！

そんな彼に、日本のファンは彼の隠れた心優しき人間性を感じとり、ヒーローとして認知したのだ。そうでなくては引退宣言したブッチャーが、縁あるジャイアント馬場の没後二十年の追善興業（二〇一九年、両国国技館）で、特別ゲストとしてリングに登場するわけがない。当日、車椅子ながらリングに上がったブッチャーは、栄誉の〝テンカウント〟を聞いた。

周囲で彼のギミック敵となったベビーフェイスレスラーたちが笑みを浮かべて、車椅子のブッチャーを見守った。それは感動的なシーンでさえあった。そもそも昭和のレスラーたちは、思えば庶民から超越した存在で、どこか危険な薫りを漂わせ、一般誌の表紙を飾ることなどなかった。飾るのはマニアックなプロレス専門誌。

そして、一人一必殺技で勝負した。ある日、ＣＳのプロレストーク番組で、日本人ベテラン人気レスラーが語っていた。

――エリックなんて、右手一本でプロレスしていたからね。今はフィニッシュホールドといったって、一人でいくつも持っているし、それを二回も三回も繰り出して、やっとスリーカウントだろう。本当の意味での必殺技じゃないよ――

ブッチャーの決め技といえば、肥満体の身体を目一杯のせた〝毒針エルボードロップ〟。全盛期は身体がスピーディーに動き、ロープに走り込み反動をつけて全体重をかけて肘を喉元に落とし、一発でピンフォールを奪っていた。

そこにいくまでは、フォークや五寸釘、ビール瓶などの凶器を使い、相手を血だるまにするのが常。あとは指先をバンデージで固めて、相手の喉元を突きまくる〝地獄突き〟があった。その際、奇声を発しながら独特の空手ポーズを決めて見せる。すると、客席から、

「ブッチャー」

と掛け声がかかる。もうこうなると、ビランではなくベビーフェイスのようだった。

先の日本人レスラーが語った〝エリック〟とは、フリッツ・フォン・エリック。またの名を〝鉄の爪・アイアンクロー〟。彼はドイツ系アメリカ人で、アメリカで大物

レスラーとなったが、プロモーターとしても超一流で、一時は全米マット界トップの団体・NWA会長にもなった。また、大の親日家で馬場さんの日本プロレスで大活躍した。

そんな彼のフィニッシュホールドはただ一つ。〝恐怖のアイアンクロー〟（鉄の爪）。人間離れした右手の握力で、対戦相手のこめかみや胃袋をわしづかみにして締め上げるというもの。これはギミックどころか、正真正銘の必殺技である。

私はテレビで彼がロープ外から場外に必死に逃れようとする馬場さんの胃袋を右手一本でわしづかみにし、その巨体を引っ張り上げリングに戻したシーンを、この目でハッキリと見ている。あの〝東洋の巨人〟がアイアンクローで、本当に右手一本で吊り上げられたのだ。

プロレスは予定調和のショーをもっともらしくするエンターテイメントで、スポーツではありえない、と決めつけるほど単純な存在ではない。殴って蹴ってパイプ椅子を頭にくらい、頭からマットに落ち場外乱闘で際限なく流血の攻防を繰り広げる体力は尋常ではない。そこに至るまでの想像を絶する過酷なトレーニングは、オリンピックアスリートを凌駕《りょうが》するのではないか。

といっても、彼らは系統立ってトレーニングをしている者は稀で、ナチュラルパワーでハードな戦いのスケジュールをこなす中で、肉体を自ずと強化しているのである。それをファンには曖にも出さない。出すのはアマチュアスポーツだ。ブッチャーが来日の度に、しばしば老人ホームなどを慰問していたことは、あまり知られていない。

しかも「あの人は今……」的なプロレスマスコミのインタビューに応えて、「親の恩を忘れるな。日本人はそれをなくしてしまった。親を蔑ろにする者の人生は、最後は報復を受けるぞ！」

とコメントし、それは馬場さんの追悼興業の際にも、リング上での引退セレモニーでも述べた。やっぱり、ブッチャーは私のヒーローである。

6．克美しげる　さすらいの流行歌手

克美しげるを知っているのは、間違いなく昭和二ケタ世代だろう。彼は一時《いっとき》昭和の流行歌手として、ほんの数年脚光を浴びたが、二〇一三年の晩冬に人知れず七十五歳で世を去った。そんな彼に偶然出会ったのは、もう四十年近くも前になろうか。場所は埼玉・大宮の某クラブ。二十代半ばで大宮の大手学習塾の講師をしていて、塾長のつけで分不相応のクラブ通いをしていた時だった。

塾の仕事が終わるのはまず夜の十時過ぎ。十二時を過ぎた頃、大宮一の若い美人ママといわれた彼女が、

「ねぇー、今店に入ってきた人知ってる。克美しげるよ……」

と、声をひそめて教えてくれた。それにはわけがあり、日刊スポーツのＷＥＢ記事を紹介する。

「現役歌手にして殺人の加害者─日本芸能史上、前代未聞の事件を起こした克美さんが、ひっそりと亡くなっていた。近い関係者によると、32歳年下の妻と1995（平成7）年に再々婚後は群馬県で生活していたが、脳梗塞による言語障害と顔面まひ、大動脈瘤《りゅう》などで苦しんでいた。昨年「車いすでも何でも歌う」と意欲を見せたが、今年2月27日に妻にみとられて亡くなった（2013年10月2日）」

今でこそ、毎年のように違法ドラッグ服用で、芸能人のスキャンダルが相次いでいるが、寡聞にして殺人を犯した事例は皆無である。克美しげるはこの一件で、芸能界史上に悪名を残すこととなった。だからといって、彼を極悪人と決めつける気には、どうしてもなれないのである。

事件は克美の人気凋《ちょう》落《らく》後に起きた。彼は「さすらい」というヒット曲を物にし、昭和三十九年（東京五輪開催、一九六四年）と翌年二年連続でNHK紅白歌合戦に出場して、人気のピークを迎えた。しかし、「さすらい」を出した前年に、テレビの人気アニメ番組「エイトマン」の主題歌をヒットさせていた。

子供向けのアニメソングが、人人を巻き込みヒットするなどは、この当時では稀なことだった。現在の人気若手声優のアニソン（アニメソング）ヒットなどとは隔世の感がする。その時私は小六で、丸美屋提供の「エイトマン」を欠かさず見ていた。耳になじむ克美の主題歌を口ずさみ、いつの間にか頭に刷り込まれ、今でも口をついて出てくる。

光る海　光る大空　光る大地
ゆこう　無限の　地平線
走れエイトマン　弾丸よりも早く
叫べ　胸を張れ　鋼鉄の胸を
ファイト　ファイト
エイト　エイト
（作詞：前田武彦　作曲：荻原哲晶）

だが、歌っているのが克美しげるということは意識にはなかった。それよりも、スポンサーの丸美屋のふりかけ〝のりたま〟のファンになり、それこそ毎日のご飯にふりかけ、これは今でも続いている。克美は「さすらい」で、

泣いてくれるな　流れの星よ
可愛い瞳に　よく似てる
想い出さすな　さすらい者は
明日の命も　ままならぬ
（作詞：十二村哲　作曲：北原じゅん）

初めてのＮＨＫ紅白に、かすり着物姿でバンカラ学生風の出立ちで出てきて驚いたのである。

「彼がエイトマンを歌っていたのか！」

この稿を書くに当たり、久しぶりにYouTubeで、エイトマンを歌う克美を見た。決して歌が上手いとは思わないが、彼の声が妙に爽やかで歯切れよい歌唱が耳に心地

よかった。その映像は多分、二〇〇〇年頃の「あの人は今」的なテレビ番組の収録で、スタジオ内の若手タレントたちが、物珍しげに克美の歌う姿を見守っていた。当然、彼ら彼女らは克美の全盛期を知らない。

歌う克美はいささか照れ気味だったが、久しぶりにテレビで歌う場を持てた嬉しさが窺《うかが》えた。ひょっとして、彼はこれを機に復活できるのではと思ったのではないか。しかし、現実はそれほど甘くなく、以後も芸能界の第一線にカムバックはできなかった。数年後のお昼のテレビのワイドショーで取り上げられた時の彼は、すっかりやつれきっていた。

克美は前代未聞の愛人殺人の罪で七年服役し仮出所した。その後、知人の援助でカラオケ教室を開き、更生の道を順調に歩み始めたかに見えたのだが、一九八九（平成元）年に、今度は覚醒剤不法所持で再逮捕され、再び懲役八か月に服さなければならなかったのである。ちなみに彼のカラオケ教室は、私の住まいから数駅先のところで開かれており、評判がいいとの噂《うわさ》が聞こえてきていた。

どうやら、私が深夜に大宮のクラブで克美と出会ったのは、カラオケ教室時代の頃だったようだ。美人のママが私たちのボックス席から離れて、スツールに座る彼に歩み寄り、一言二言話しかける。それに遊び慣れた様子で応じる姿にやはりオーラが漂い、彼の周囲がポッと明るくなったように感じた。

「腐っても鯛《たい》」が頭に浮かんだ。

だがよく考えてみると、出所後、いまだに歌手としてオーラが残っていることこそ、彼の悲劇の根だったのではないか。そもそも、彼が犯した殺人は、人気衰退期に起きた。それは落ち目の芸能人が現実を受け入れられずに陥る底なし沼で、決して彼だけに限ったわけではないが、〝人殺し〟という一線を越えてしまったところに悲劇がある。

その事件の過程は、あまりにもステレオタイプの〝黒い事件簿〟風であった。再起を図る克美は、音楽業界の実力者に様々働きかける。それに接待は付きもので、やはり金がかかり、売れていた頃と違い自分で金づるを探さねばならない。

それを愛人の銀座ホステスに、離婚して一緒になるからと騙《だま》し貢がせたのだ。嘘《うそ》に嘘を重ね偽装結婚までし、一説によると当時の金で三〇〇〇万円近く出させたという。

だが、そんな金で克美が業界に接待攻勢をかけ、何と新曲レコード発売にこぎつけると、彼女は黙っていなかった。これまでのいきさつをすべてぶちまける、と脅し始めたのである。

昭和五十一（一九七六）年の春になり、このままでは彼女が自分のカムバックの障害になると思い殺害を決意したのだが、その計画はあまりに杜撰《ずさん》であった。彼女を絞殺し遺体の始末に困ると、知人から借りた車のトランクに押し込み、克美はそれを羽田空港の駐車場に放置した。そして、自分はレコードキャンペーン先の北海道に飛んだのである。あまりにも短絡的な衝動殺人だった。

その証拠に、事件からわずか二日後に羽田空港駐車場に置き去りにした車が発見され、車のナンバーから割り出した所有者が克美に車を貸したことが判明し、即逮捕につながったのである。彼が逮捕され手錠、腰縄付きで警察車輌に押し込まれ、悄然《しょうぜん》と茫然《ぼうぜん》自失の姿のスポーツ新聞の記事は衝撃的だった。

だが、深夜のクラブで見た彼の立ち居振る舞いはいかにも〝アンチャン〟風で、とても重罪を犯しやっと娑婆《しゃば》に戻ってきて改心しているようには見えなかった。我々酔客と同じで、夜の巷《ちまた》を闊歩しているようにしか思えなかったのである。確かにいかなる理由があろうとも、何人《なんびと》も人を殺めることなど許されるはずがない。衝動的に殺人を犯してしまった克美を擁護することはできないのは自明の理である。

それでも、私は彼を全面的に糾弾する気にはなれないのだ。それがどこからくるものなのかはわからないが、ひょっとすると、自分にも克美的な短絡思考があるのかもしれない。

現代の芸能界はポッと出の若者が、たちまち人気を得てマスコミを独占している。彼ら彼女らのことごとくがプロとしての一芸があるわけではない。大手芸能プロのパブリシティー戦略で世に出て数年寵児となるが、人気は長続きせず転身を余儀なくされると、たちまちインテリ志向となり、ニュースキャスターなどになるのだが、当然、その司会ぶりは惨憺《さんたん》たるものである。

それはそうだろう。町の今風の若者から芸能プロのプロデュースで一夜にしてスターになったのだから、情報番組を仕切るだけの教養や識見があるはずがない。だからタレント司会者の周囲に様々な分野の専門家を配しコメントさせ、その合間に本人は愚にもつかぬ感想らしきものを述べてお茶を濁すしかない。
克美が復活に一縷《いちる》の望みをかけてスタジオ入りした時、そんな若手タレントたちをどんな思いで見つめたのであろうか。彼は覚醒剤不法所持で逮捕され、懲役八か月の刑期を務めた後、一九九六年にかなり年下の女性と四回目の結婚をしたが、心臓病や脳梗塞、顔面麻痺《まひ》などの病魔に次々と襲われた。それでも徐々に健康を回復し、二〇〇〇年頃には懐かしの歌手として時にテレビやその他のメディアにも取り上げられるようになった。

想い出さすな　さすらい者は
明日の命も　ままならぬ

克美はこの一曲を残し、まさしくこの世をさすらった。私はこれからも「さすらい」を愛唱歌として時に口ずさむだろう。
※歌手・克美しげる（本名・津村誠也）二〇一三年二月二十七日、脳出血により死

去。享年七十五。合掌。

7．大形久仁子　とんぼ眼鏡のお姉さん

次に記したい私が出会った有名人は、歌手の大形久仁子（後に内田あかりと改名）。といっても、今、彼女を知る若い人はほとんどいないだろう。見かけたのは東京駅のプラットホーム。当時私は私立男子高の二年で、その日は東北修学旅行に旅立つ日だった。昭和四十三（一九六八）年初秋の吉日である。

今にして思うのだが、この日集合場所の東京駅のホームに、私たちはめいめい勝手に集合した。今なら朝、チェックポイントで先生のチェックを受けるし、遅れそうな場合の連絡方法などを事前指導で徹底させられる。当時は全くそんなことはせずの生徒任せの時代だった。

さて、私たちが乗る列車が待つプラットホームの反対側に彼女がいて、大振りのサ

ングラスをかけ、マネージャーらしき男性を伴った彼女が私たちに〝ガン（顔）〟を飛ばしてきたのだ。といっても、濃いめの厚いサングラスに覆われた彼女の表情を読みとれたわけではないが、派手な洋装で腕を組み、ジッと投げかけてくる視線は、まさに〝スケ番〟風であった。

級友の一人がいった。

「あれ、大形久仁子だぜ。トッポイなぁー」

確かに彼女には若手人気歌手の潑剌《はつらつ》さは感じられず、街の不良少女といった感じを撒《ま》き散らしていた。おそらく、この当時彼女は二十歳前後ではなかったか。私たちのほとんどが彼女を知っていたのだから、それなりのヒットソングがあったはずだが、まるで浮かんでこない。ちょっとグーグルで検索してみたら、それはこの年にヒットした「私って駄目な女ね」で和田弘とマヒナスターズとのデュエット曲だった。

二十歳そこそこで、ムード歌謡の女性ボーカルで世に知られるようになったことが、その後の歌手人生を決定づけたのではないだろうか。決して若さはじけるアイドルとはなり得ず、大人のムードを売りにするしかなかった。もっとも、その当時はまだアイドル歌謡路線は定着していない。

ところで、当時の歌謡界でのヒットソングは文字どおり〝流行歌〟で、年齢層に関係なく、広く世の中に知れ渡っていた。今はテレビの地上波では流行歌が生まれづらい。なぜなら楽曲が多様化し個人のニーズに合う曲がヒットするので、老若男女誰もが知り、口ずさめる流行歌がなくなってしまったからだ。

そもそも現在の地上波での歌番組は、その多くが懐メロ特集といったものになっている。ヒット曲はかつてのように街を飛ばず、YouTubeなどで〝見るもの〟になってしまった。

つまり、真の意味での大衆一般、老いも若きも感情移入できる流行歌が生まれづらい時代にいるのである。だから、歌詞もよく聞きとれないダンスミュージックの映像を見ても、まるで学芸会を見ているような感覚にしかなれない。

ところで、大形久仁子を見送って旅立った東北修学旅行は、今にしてみると、かなりユニークな旅で、いわば文学紀行のようなものであった。修学旅行の地として東北はまず選ばれなかったであろう。私たち聖学院高校（私立男子校）の修学旅行を企画したのは、大学国文科の卒論が「奥の細道」だった古文のY先生だった。

高一では担任をして頂き、厳しさの中にも温みのある、いつもシャレたジャケットとネクタイを身につけた先生で、私はどういうわけか随分と可愛がってもらった。そんなY先生が企画したのだから、通り一遍の修学旅行とは一味も二味も違い、それは見学地が物語っている。

思いつくままに記すと、中尊寺―毛越寺―渋民小学校―天童―男鹿半島―山寺―瑞巌寺などであった。いや、松島にも行った。これを見ても、いかにユニークな修学旅行だったことか……。今では私立高で一週間以上も海外に出かける修学旅行は珍しくないが、当時に東北を一週間も旅することは珍しく、うらやましがられたものだ。だが、この時はそんなことを知るよしもなかった。

もしY先生企画の修学旅行がなかったら、その後、次のような歌をふと思い浮かべることなどなかったろう。

かにかくに渋民村は恋しかりおもひでの山おもひでの川

（石川啄木・岩手県盛岡市渋民（村））

やはらかに柳あをめる北上の岸辺目に見ゆ泣けと如くに
（石川啄木・岩手県盛岡市北上川）

閑さや岩にしみ入る蟬《せみ》の声
（松尾芭蕉・山形県山形市立石寺―山寺）

夏草や兵どもが夢の跡
（松尾芭蕉・岩手県平泉―毛越寺）

五月雨を集めてはやし最上川
（松尾芭蕉・山形県最上川）

登りつめ辺り一面味噌《みそ》の香

（小生）

最後のお慰み駄句は、修学旅行後の古文の時間にY先生から出された思い出の一句を、という課題に応えた駄句である。山形市の天台宗の古刹・立石寺《りっしゃくじ》（通称山寺）を訪れた時の印象を詠んでみた。山寺には山頂に一九七〇年代に撤去された〝日本一長い〟とされた滑り台があった。それは高低差約一五〇メートルという代物。それを級友の一人が、嬉々として滑り降りてきた記憶がある。

それよりもはっきり覚えているのは、生まれて初めて山寺の山頂の茶屋で、〝味噌おでん〟を買って食べたこと。その時までおでんといえば煮込みおでんと思っていたから、竹串に玉こんにゃくを刺し味噌をまぶした〝味噌田楽〟など全く知らなかった。ところが、私立の中高一貫校で過ごしてきた東京生まれの級友たちの多くは味噌おでんを知っていて、自分がひどく田舎者のように思えて気恥ずかしかった。

そんなユニークな松尾芭蕉〝奥の細道〟を追尾するようなY先生の修学旅行とセッ

トで、大形久仁子がリンクしているのが、世の不思議というものだろう。これはCSやBSテレビで毎日のように放映されている〝ドリフ大爆笑〟のせいだ。ある意味、繰り返し再放送されているのは、バラエティー番組のコントの古典になっているからかもしれない。

といっても、伝説のテレビ黄金期のナベプロ（渡辺プロダクション）作といえる〝シャボン玉ホリデー〟の亜流にすぎないのだが……。

ドリフターズが色とりどりの若手女性アイドルや、人気歌手たちと様々のコントを繰り広げた。その中に、大形久仁子改め〝内田あかり〟が出てきたので驚いたのである。その彼女を見て、一気に修学旅行出立の日の東京駅プラットホームを思い出したのだ。彼女に限らず、この番組に、いかに多くの旬の若き女性アイドルが出ていたことか。

大ブレークする前のキャンディーズ、松田聖子や小柳ルミ子、堀ちえみ、石川秀美、今や演歌の重鎮になった石川さゆりに長山洋子、榊原郁恵も松本伊代、小泉今日子、石野真子なんかも出ていたのである。そのほとんどがナベプロ所属のタレントたちだ。

そんな中に入っての内田あかりは、今一つ垢《あか》抜けずインパクトに欠けていた。それに彼女は先のアイドルたちのようなノー天気なコメディエンヌの才には欠けていて、いかにも台本どおりのセリフをぎこちなくこなすだけで、要するに今一つ華に欠けていたのである。

当時の彼女は大形久仁子改め内田あかりとして、ちょっと見には新人のように見えた。というのは、東京駅で見かけた時のいささか太めの体躯《たいく》からかなり痩せていて、ほおもこけ肌艶も衰え、生活のオリのようなものが漂い、何だか痛々しい感じがした。

彼女は大阪のジャズ喫茶でスカウトされ、十六歳で東京に出た。昭和四十二（一九六七）年にレコードデビューし、翌年、和田弘とマヒナスターズとのデュエット曲でブレイクした。しかし、その後が続かず数年の鳴かず飛ばずの日々が続く。ところが、突然、強力なプロモーションの下に「浮世絵の街」がヒットしカムバックした。この時期に〝ドリフ大爆笑〟に出演していたのである。

彼女が出ていた数回の回を見たが、今一つ影が薄かったことは先に述べた。ドリフとのからみのコントで当意即妙の演技はできず、これといった定番コーナーは持てなかった。対して当時の若い女性アイドルたちは、けっこうコメディエンヌぶりを発揮していた。私が目を見張ったのは伊藤蘭と小柳ルミ子が秀逸で、研ナオコはあまりにも品がなくやり過ぎで食傷した。

今や演歌というより女性歌手のトップの一人になった石川さゆりは、いかにも、いやいやコントをこなしていろといった感じがみえみえで興ざめしてしまう。

「じゃ、あんたが心ならず志村けんの馬鹿殿様の腰元役を演じていたのは、歌手としての消し去りたい汚点とでもいうのか！」

と、嫌味の一つもいいたくなる。

流行歌手が歳をとるにつれて、人生を振り返るような重い歌を歌いだしたら、もう歌謡曲を歌う資格はない。流行歌は時代を映す鏡であり、まさに「歌は世につれ」なのである。自らを世に映そうなどとの思い上がりを歌手は持ってはいけないのだ。

その意味において、大形久仁子─内田あかりは、流行歌手であろうとした。世に自分を合わそうとし、自分に時代を合わそうなどの思い上がりは感じられなかった。もっとも、そこまでの奥深い芸域はなく、プロモートに頼るしかない存在だった、ともいえるだろう。ヒット曲を出し続ける歌唱力もなく、大物作詞家、作曲家からのオファーも途絶えたことが凋落の要因であろう。

それでも夢よもう一度と、彼女は今でもどこかで歌っているのだろうか。もしそうならそれで、流行歌手として一本筋が通っているように思う。

―追　記―

この稿を書いている最中に訃報に接する。ドリフターズの志村けんが新型コロナウイルスに感染し、重度の肺炎を併発後、集中治療室での治療のかいもなく七十歳で亡くなった。信じられぬ思いで、衝撃の大きさに驚いている。日本は今、いや世界は未知のウイルスに恐怖し、感染者が不気味に増えだし、収束の兆しは全く見えない。

日本でも、安倍首相がついに緊急事態宣言を発令した。これは欧米の主要都市封鎖―ロックダウンとは違い、外出自粛その他も要請が基本で強い強制力を伴わない。これで本当に対策効果を期待できるのか、と諸外国では疑問視されている。

日本版の性善説による緊急事態宣言で、必ずやコロナウイルスを封じ込められると信じているし、そう信じたい。日本が世界から試されているのだ。それに欧米のロックダウンが、必ずしも感染者数減に効果があったわけではない。

　志村けんは私と同じ年で、彼の死のショックは重い。しかも発症からほどなく重症化し、意識を回復することもなく、肉親との対面も叶わずに荼毘に付されてしまった。その無念さはいかばかりであったろう。新型コロナウイルスは高齢者が感染すると、致死率が高いといわれている。もし私も感染したら……という漠然とした恐怖を感じるほどに、志村の死の持つ意味が重い。

　一時《いっとき》とはいえ、志村とぎこちないお馬鹿コントを演じた大形久仁子―内田あかりは彼の死をいつどこで知り、どんな感慨にひたったのであろうか……（二〇二〇年四月九日）。

8. 柴田勲　赤い手袋の伊達男

あなたが噛んだ小指が痛い
きのうの夜の小指が痛い

と聞いて、伊東ゆかりを思い浮かべる昭和歌謡ファンは多いだろう。だが、その先に柴田勲が出てくる人は、そう多くないのではないか。川上V9・巨人の不動の1番打者である。一口にプロ野球日本一九連覇というが、九年連続ということは、小学生が中学を卒業するまでだから、今の球界ではまずあり得ないのだ。

常勝球団といわれるかと思ったソフトバンクホークスも、ペナントレースでは常勝とはいかなかった。九回ではなく、九年連続というところに、監督としての川上の凄味が加わっているのである。その九連覇中、巨人のオーダーは当然一律ではなかったが、私のベスト9は次のとおり。

場内アナウンス風にアナウンスすると、1番センター柴田　2番セカンド土井、3番ファースト王　4番サード長嶋　5番ライト末次　6番レフト高田　7番ショート広岡　8番キャッチャー森　9番ピッチャー堀内となる。

その柴田を東京駅で見かけたのがいつだったかは、もう思い出せない。多分、一九七〇年代の半ばではなかったか。新幹線で豊橋在の姉夫婦のところへ遊びに行くところで、新幹線口に向かっていたら、目の前に柴田がブレザーにネクタイ、スラックス姿で誰か人待ちげに、一人で辺りを見回していたのである。

「あっ、柴田だ！」

やはり、彼の周囲にはオーラが漂ってはいたが、正直いって思っていたより小さいなぁーという印象で、公称一七五センチはないのではと思った。

今でこそ左右両打ちのスイッチヒッターは珍しくないが、柴田こそ日本初といっていい。彼の球歴は高校野球史上最強といわれた法政二高（横浜市）で、エースとして活躍した時から輝かしい。甲子園で昭和三十五（一九六〇）年夏と、翌春にかけて、夏春連覇を成し遂げた。巨人に甲子園の大ヒーロー投手として入団したが、プロの壁は厚く投手失格の烙印《らくいん》を押されてしまう。「甲子園の優勝投手は大成しない」のジンクスどおりであった。

ところが、監督の川上は柴田の高校生離れした野球センスと快足を捨て難く、スイッチヒッターへの転身を命じたのだ。プロ野球初といえる挑戦だったから、柴田は相当の猛練習をこなしたはずなのだが、不思議と彼には試練に伴う泥臭さを感じさせない華やかさがある。高卒でプロ入り後すぐに夜遊びの帝王として名を馳《は》せた。

夜な夜な多摩川の巨人寮を抜け出しては、銀座、赤坂、六本木などで呑み歩き、門限破りの常習となる。〝鬼の寮長〟こと武宮氏からこっぴどく制裁を受けたが、柴田がそのつらさを「多摩川ブルース」という「練鑑ブルース」の替え歌にしたら、二軍の若手選手の愛唱歌となり、なんと二〇一九年には自主制作CDを発表した。

多摩川ブルース　作詞・柴田勲

人里離れた多摩川に
野球の地獄があろうとは
夢にも知らないシャバの人
知らなきゃ俺らが教えましょう

だが、彼は二軍で多摩川ブルースに溺《おぼ》れてしまうほど柔ではなく、二年ほどで一軍に定着すると、不動の1番センターとして頭角を現し、たちまち華やかな人気選手となる。あれはいつだったか、私が中二（十四歳）の時、後楽園の巨人戦、確かデーゲームだったと思うが、試合開始直前に柴田が突然、ブルペンで捕手を座らせ10球近く投球したのを観ている。

当時はブルペンは球場内の外野の横にあり、ファンは投球練習を見ることができた。柴田の投球はファンサービスで終わらせるにはもったいないほど見事だった。さすが甲子園優勝投手、きれいなピッチングフォームで、球筋に見とれてしまった。その後がまたカッコイイー。投げ終わると、サッーと俊足を飛ばしてセンターに向かって走っていったのだ！

　もうこの頃の柴田の売りは盗塁で、トレードマークとなった〝赤い手袋〟をはめ一塁ベースに立つと、敵味方を問わず彼のスチールを期待した。それに彼は応え走りに走る。こうなると生来のスター性に拍車がかかり、それまでの野球選手になかった都会的なルックスの良さもあいまって、一躍時代の寵児となる。もうマスコミは柴田の私生活を追っかけ、伊東ゆかりとのロマンスが報じられるようになった。

　当時の芸能界はナベプロ（渡辺プロ）の全盛時代で、その中でナベプロの三人娘と謳《うた》われた中尾ミエ、園まり、そして伊東ゆかりが人気を誇り、その中の一人と柴田のロマンスだから、世間の注目を引いたのだ。

　この件で興味深いのは、二人の交際が芸能ゴシップとして知れ渡り、柴田が打席に向かうのに合わせて、相手チームの応援団がプレッシャーをかけようと、「小指の想い出」を演奏させたという。ノムさんこと野村克也は南海時代、日本シリーズで例のささやき戦術で、

「あなたがかんだ……」などと口ずさみ、柴田の集中力をそごうとしたらしい。

そんな野暮な策を弄する野村の野球が、事実以上に〝シンキングベースボール〟などと、もてはやされるのが理解に苦しむ。野村は確かに卓越した野球理論の持ち主ではあったが、データ重視の監督術はいささか過大評価されているのではないか。

事実、柴田はそんな野村の姑息《こそく》なささやき戦術など意に介さず、南海ホークスとの昭和四十一（一九六六）年の日本シリーズで大活躍し、見事ＭＶＰ（最高殊勲選手）を獲得した。また、この年はセ・リーグで初の盗塁王にもなった。彼は〝赤い手袋〟の盗塁王に六回なり、昭和五十三（一九七八）年三十四歳での戴冠は、現在でもセ・リーグ最年長記録である。

ただし、打者なら２０００本安打以上で入会資格となる名球会で、ただ一人一度も３割を打ったことのない打者という珍しい記録の持ち主でもある。彼の打撃はスイッチヒッターとして二、三歩右打者より速く一塁に対する左打ちが主で、右打席ではパンチ力を生かしてホームランをよく打った。

阪神戦で対江夏対策として、川上が長嶋、王をさしおいて４番に据え、その期待に応えホームランを打ったこともある。ちなみに、長嶋が泳ぎながらも長打する柴田を、

「イサオは俺とよく似た打ち方をするなぁー」と、評したことがあるという。

そんな右利きの柴田にとっての左打ちは、コーチとともに作ったものである。いや、マイペースの柴田だから、自分で打ち込んで作ったものかもしれない。川上が命じたのは、足を生かすのだから、左でバットをボールに当てて走り出し、一塁まで駆け抜けろというものだった。つまり、振り抜かずチョコンと当てるだけでいい、というもの。

これと真逆の指導を阪急の福本にしたのが、西本幸雄。西本は福本に言った。「プロならどんなに足が速くても、チョコンと当てるような打撃はするな。身体の大小、足の速さではない。プロなら、まずしっかり振り切るバッティングを身につけろ。そうしないと、いずれ打者として行き詰まるぞ。」ヒットを打って一塁に出てこその盗塁だろう、と諭したという。

その言を福本はよく守り、大振りはせずとも通算208本のホームランを打った。ちなみに柴田は194本。私はプロの打者としての心得を確《しか》と教えた西本の教えの方が川上よりも尊いと思う。プロはまず打ってなんぼ、足はその次についてくるもの、という固い信条を厳守した西本こそ、真のプロフェッショナルな監督だったと思う。

西本は勝利絶対主義の川上と違い、選手をそのために自分の鋳型にはめ込もうとは、決してしなかった。だから日本一に一度もなれず〝悲劇の監督〟などと呼ばれるのかもしれないが、阪急―近鉄とパ・リーグの弱小球団で無名選手たちを一から鍛え上げ、リーグの強者に育てた功績は、川上の九連覇と比して何ら色褪《あ》せることはない。

さて、私が東京駅で出会った柴田は、なぜ人待ちげだったのか……。彼は地方遠征に出て、いくら当地で夜の巷に繰り出しても、東京のネオンが恋しく、帰京日に友人やタニマチ（後援者）らと待ち合わせ、いそいそと銀座、赤坂、六本木に繰り出していったという。それで私が見かけた時、どこかそわそわとしていたのだろう。

よく遊び、よく走った柴田はやはり長嶋と同じく天才肌の選手だったと思う。彼も福本と同じく投手の牽制《けんせい》の癖を研究したとはいうが、それを超越して一塁ベースから投手を見ていると、自ずと本塁に投げるか、一塁へ牽制するかは醸し出される投手の雰囲気から察せられるようになったという。それは、案外本当なのかもしれない。

柴田は今では、巨人のＯＢ会や名球会の役職を離れ、球界から距離を置いている。

あなたを見ればわかるのさ
本塁、一塁どこに投げるのか
（盗塁ブルース　作詞・網代栄）

9．小川真由美　ロビーのシンデレラ

拙著『昭和は終わらない』を書くに当たって、日本の喜劇役者を調べていた時、浅草の軽演劇隆盛期に、喜劇に対して〝正劇〟という言葉があったことを知り驚いた。それはアチャラカ芝居ではなく、シリアス―真面目にやる芝居という意味だったというう。即〝赤毛物〟、つまり新劇の舞台を指すわけではないが、イメージとしてそうだったであろう。

生理的に新劇は受けつけないのだが、二、三度観たことはある。そのあまり好みで

はない新劇の舞台を、なぜ母と二人で渋谷の西武劇場まで観に行ったのか……まるで覚えがない。しかし、ある女優の強烈な印象が色濃く残っている。

それは開演前のロビーで、小川真由美を間近で見かけたこと。彼女はまるで花嫁が着るような純白のヒラヒラドレスを身にまとい、ロビーを闊歩し、誰彼となく話しかけていたのである。鼻筋高く彫りの深い顔立ちは、外国の女優のようなオーラが漂っていた。

さて、いつのことだったか。実はこれはハッキリしている。その日の舞台は初日で、井上ひさしの「天保十二年のシェイクスピア」だったから、上演年がすぐにわかるのだ。昭和四十九（一九七四）年で、私は大学卒業間近だった。だが、小川がその舞台に出演していたわけではない。

井上といえば、自ら〝遅筆堂〟と号していたほどで、初日ということもあり、出演者一同あまり台詞が入っていないと見え、舞台はそれほどの出来とは思えなかった。確か終演後に出演俳優一同が舞台に出てきて、

「皆さん、明日から芝居はもっとよくなりますよ……」などと苦しいいい訳をして、

客席は苦笑に包まれた。

芝居うんぬんよりも、この日が忘れられないのはロビーでの小川の印象が、あまりにも強烈だったからである。それほど彼女は燦然《さんぜん》と輝いていた。芝居に出てきた俳優たちの影が薄くなるほどの存在感で、その主要キャストは木の実ナナ、峰岸隆之介、勝部演之、観世栄夫、中村伸郎、根岸明美ら……。

シェイクスピアの全作品に、何と「天保水滸伝」を加味した侠客物というシュールな作劇で、新劇の心得のない身としては、四時間強の長丁場を呆然としていた。お恥ずかしい限りだが、私は大学の英文科を出たがシェイクスピアの戯曲を原書で読んだことは一度もない。

何だかよくわからなかったものの、出てくるキャストの顔ぶれを見て、演劇界の大物俳優の観世や中村、勝部らも登場してくるのが意外だった。それほど当時の井上の戯曲は玄人筋から高く評価され、出演希望が多かったということだろう。商業演劇というのは、そういうものかもしれない。

シェイクスピアだチェーホフだ、カミュだ、ドストエフスキーだとかいっても、彼らの作品にあまり親しんでいない大衆の動員を図るには、テレビや映画でおなじみの顔ぶれを集める意図があるのだろう。そうしなくては、大劇場での公演が成り立つはずもない。

だが、不思議なのは、当時テレビの売れっ子だった木の実ナナが出ていたことなど、まるで記憶にない。

彼女よりも、最近はとんと露出が少なくなった勝部の新劇役者然とした佇《たたず》まいや渋い声、能楽界の異色大物・観世の独特の台詞回しのほうが強く印象に残っている。観世はまるで台詞が入っておらず、それを衒《てら》いもなくアドリブでつくろい、観客の爆笑を誘った。

つまり、私はその夜の新劇舞台を観に行ったのではなく、

「彼が、彼女が出てきた、いやぁーあの人もこの人も……」

といったミーチャンハーチャンの気分でいたのである。

それは開演前のロビーで、蝶《りょう》よ花よといった趣で闊歩していた小川を見かけたことで、その思いが倍増したのかもしれない。しかし、小川の近況を知り今や八十歳とは

いささか驚いた。もっとも、自分ももう古稀になったのだが……。

人はある人と強い印象を持って出会うと、その時点で年齢が止まってしまい、いつまでもその幻影を引きずってしまうようで、時間が止まってしまうのだろうか。もうすっかり表舞台から姿を消してしまった彼女のことを、今の若い人にテレビでの当たり役「浮世絵女ねずみ小僧」の〝お京〟の艶やかさを説明しても、まるでわからないだろう。

なぜ彼女がマスコミの前から唐突に姿を消したのかは定かではないが、一時熊本の宗教団体の下、尼僧となり得度したことは明らかになっている。だが剃髪《ていはつ》したわけではなく、本人は女優廃業をいまだに口にしてはいない。

彼女は昭和四十二（一九六七）年に、同じ文学座の二枚目俳優の細川俊之と結婚し一女を得たが、その娘が成人してから母との葛藤の日々を赤裸々に語った告白本を出したことが、小川を事実上の引退に追い込んだとされている。しかし、この件に関して小川が一切口を閉じている以上、真偽のほどはわからない。

小川は一人の女性、母としてではなく〝女優〟なのである。仲代達矢は映画評論家の春日太一のインタビューに応えて、次のように語った。

「女優としても女性としても魅力的であることって、なかなか難しいことなんですよ。女優さんってね、全部が全部そうじゃないですけど、『世の中には男と女と女優しかいない』なんて至言を吐いた人もいるくらいで。男優ってのはいないんです。男の俳優はやや意気地なくて社会性もあるものですから、その場の雰囲気に合わせてしまう。だから普通の『男』と同じなんです。ところが女優は『女』とは違う」。

（『仲代達矢が語る日本映画黄金時代』春日太一著、PHP新書）

つまり女優とは既成の社会通念とは相容れないあるがままの自己存在感を放ち、周囲を屈服させてしまう存在なのである。ただし、そういう女優となる前提条件として「売れ続ける」ことがあろう。小川には、当時、売れ続ける人気女優としての華があった。テレビ女優としてのイメージが強いが、彼女の芸歴を見ると、生まれながらの新劇志向だったことがわかる。

彼女は東京生まれだが、意外にも山手育ちではなく足立区の出身。芸事とはあまり縁がないように思うが、父親が新劇俳優で幼い頃からバレエや日本舞踊の練習や稽古

に通っていた。やはり、

「梅檀《せんだん》は双葉より芳し」

ということか。芸事が自ら好きで、大の歌舞伎ファンだったという。でも不思議なのは、そんな環境で育った小川が、なぜあれほど日本人離れしたエリザベス・テイラーやクレオパトラを思わせる容姿の持ち主となったのであろうか……。

二十二歳で文学座の研究生となり、生来の美貌も相まって順調にキャリアを伸ばしてテレビや映画にも出演するようになる。だが、あくまで新劇女優として大成を目指し、一時は文学座の杉村春子の後継者と目されたが、活動の舞台はテレビや映画が多くなり、人気女優の道を進む。

彼女との出会いはそんな時期で、私は彼女を新劇女優とは全く認識していなかった。おそらく当日の観客の多くが、私と同じような思いでスター女優としての彼女をロビーで、まぶしげに見ていたであろう。

そのような意味において、小川は確かに芸能界のセレブになっていたのだが、あのシンデレラのようなはしゃぎぶりは、どこか異様でもあった。

「テレビの私は仮の姿。本当の私はここにいるのよ……」

と、周囲に無意識にいや意識的に語りかけているようだった。

古くは森繁や勝新、そして今の薹《とう》が立ったアイドルまで、いくら大衆的な人気を高めても、歳を重ねるにつれインテリ、高級志向が強くなっていく。昔の浅草軽演劇に対する〝正劇〟志向と同じではないか。いわゆるシリアス志向である。

いくら昔日のアイドル男子がニュースキャスターもどきに精を出しても、例外なく場違いの存在でしかない。森繁といえば「社長シリーズ」の東宝喜劇だし、勝新なら大映の「座頭市」なのである。二〇二〇（令和二）年に入っての世界的なコロナウイルス禍で、芸能界やスポーツ界のセレブたちがしたり顔でＳＮＳを通じて様々な発信を続けていることに、私は強い違和感を覚えている。

率直にいって、各界のスーパースターたちは、それらから超越した存在であるべきだと思うのだ。森繁や勝新らはいくら芸達者だ、天性の役者だともてはやされ大衆から絶対的な人気を得ても満足せず、どこかにインテリゲンチャに対するコンプレックスが内在していた。

森繁は晩年インタビューなどで、社長シリーズのことを聞かれるのを極端に嫌がったというし、彼の良き共演者で営業部長役がお似合いだった「社長、ここは一つパーッといきましょう、パーッと……」の三木のり平も同じだったそうだ。

小川真由美も代表作といえば新劇の舞台や映画の問題作などではなく、テレビの「女ねずみ小僧シリーズ」のお京役ではないか。役者、彼女は女優というだろうが、その一生は難かしいもののようだ。女優として自身でプロデュースし続けねばならないからである。それにしても、西武劇場のロビーでの彼女は艶やかであった。

10. 青木義朗　ニヒルな特捜隊主任

この人も二〇〇〇年に七十歳で亡くなり、二十年経つから、まず若い人は知らないだろう。青木義朗は一九七〇年代（昭和四十五〜）に、テレビの人気刑事ドラマ「特別機動捜査隊」の三船主任役でブレイクした東京生まれの俳優である。芸歴は古く高卒後に映画演劇研究所の一期生となり、長い下積みを経て三十歳頃から映画、テレビに出演するようになった。

彼の出演リスト（フィルモグラフィー）を見て驚くのはその多さもだが、数々の名作に存在感のある脇役として名を連ねていることだ。こんなにも出ていたのか、と思い知らされた。あの「俳優は男子一生の仕事にあらず」と、例のインテリ志向に走った何かと社会貢献と称するチャリティー活動に走る杉良太郎の信頼厚く、助演者としてテレビや舞台に招かれた。

そんな青木に出会ったのは、ひょっとすると小川真由美を西武劇場のロビーで見かけた日だったかもしれない。というのはその日、母を道玄坂を少し上がって右手にある台湾料理の名店に連れていったからである。母と二人で渋谷の店に行ったのは、観劇の日の一度きりなのだ。ただし、それが井上ひさしの新劇のマチネ（昼公演）の前か後だったかまでは覚えていない。

なぜ珍しい台湾料理店に行ったかといえば、少し前に母方の親戚の毎日新聞記者に連れていってもらい、初めて肉ちまきや〝チャウ〟（腸詰―台湾ソーセージ）をごちそうになり、その美味に驚き一度母を連れていこうと思ったからである。新聞記者の彼はロシア語に堪能でモスクワ支局員も務め、酒はダメだったが世界の美味い物に通じ、思えばいろいろと美味しい物を食べさせてもらった。

それで台湾料理を母に、

「どうだ美味いだろう」

と自慢したかったから案内したのである。店に入ってすぐ、青木が親しげに店奥の人々と軽口を交わす場面に出会《でくわ》した。人気テレビタレントだと気取ったところはみじんもなく、すっかり店の一光景の人となっていて「いい人だなぁー」と思った。

「母さん、あれ特捜隊の三船主任をやっている青木義朗だよ……」

と教えると、

「へえー、案外いい男だね」

と、母は返してきた。この〝いい男〟というのは決して姿、形のいい二枚目というのではなく、なんとも気風《きっぷ》のいい男といったところだろう。この頃青木といえば、特捜隊の三船主任役としてブレイクしていたから、私も彼を一目見て、すぐその人とわかった。

ところで、特捜隊―特別機動捜査隊の刑事とは、警察組織の中で、どのような存在なのか。実際の隊名は、〝機動捜査隊〟で、特別がつくのはあくまでテレビ番組用である。それは警視庁（東京都）の捜査第一課から独立して刑事部直轄の〝機動捜査隊〟として増強改編された後の昭和四十五（一九七〇）年には、東京都以外の全国道府県警察本部に配備された。

その職務は二十四時間の交代勤務で、主に捜査一課が担当する刑事事件（強盗、傷害、殺人等）の初動捜査をする。通常は覆面パトカーで街中の警戒活動をし事件や事故に遭遇したり、一一〇番通報を傍受すると直ちに現場に急行し初動捜査を行う。つまり、あくまで初動捜査が基本任務であり、事件の継続捜査は各警察署（所轄）の刑事課や本部の捜査一課などに委ねられる。

拍子抜けするようだが、実際は特捜隊が一つの事件を最後まで追い、容疑者を確保することはまずないのである。それでも、時に多くの捜査人員を投入せざるを得ない重大事件発生時に、捜査本部に出向することはある。それでも主な任務は逮捕状執行時やガサイレ（被疑者の潜伏場所の捜索）の際のバックアップで、決して捜査の前面に出るわけではない。

元来、主たる任務は覆面パトカーによる警邏《けいら》活動と、事件発生後の初動捜査なのである。このように警察の組織や機構、捜査活動の実態は、我々庶民にわかりにくく、テレビの刑事ドラマは現実的ではない。

今や定番となった崖っぷちのシーンでは、犯人を追いつめた人情派の刑事が、まず犯人がとても耳を傾けるとは思えない説得を長々として、それを聞く犯人（たち）がアッサリと改心し逮捕され、パトカーで連行されていく。しかし、こんなシーンを苦々しく見ている現場の刑事たちの思いは、あまり知られていないのである。彼らはいう。

「これで一件落着なら有難い。実際はここからが多種多様なデスクワークで忙殺されるんだ。どんな凶悪犯だろうと、公判（裁判）にかけ有罪判決をもらって初めて一つの事件の終わりなんだ……」

我々は刑事が犯人を逮捕すれば、すべての事件が解決したと思いがちだが、それは容疑者を捕えたということであり、その時点では罪が確定したわけではない。それに警察には逮捕状を発行する権限はなく、裁判官の職域である。また、裁判官に逮捕状を請求できるのは警察官ではなく検事なのだ。

そして、検事は容疑者を起訴するに足りる物的証拠を警察が入手して初めて、逮捕状を裁判官に請求する。どんなに状況証拠的に〝まっ黒〟な容疑者であっても、決定的な物証（物的証拠）が出ない限り公判（裁判）が維持できないからである。公判に耐え得る物証を求め、地道な捜査を粘り強く続けていくのが第一線の刑事なのだ。

ところで刑事という名称は正しくは「犯罪捜査に従事する巡査部長（いわゆる部長刑事）と巡査（お巡りさん）」を指す。では、日本最大の階級社会の一つといわれる警察の階級順はどうなっているのか、これもややこしい。テレビの世界で一番有名と思われる〝十津川警部〟は結論からいうと、断じて刑事ではなく、彼らを支える一般企業でいえば係長に過ぎぬ管理職である。

さらに最近人気のやたらと、

「必ずホシをあげる！」

と絶叫する〝警視庁捜査一課長〟も実態と全くそぐわない。

警視庁（東京都）捜査一課─強盗、傷害、殺人等の重犯罪を捜査する）─の階級順を見てみる。

管理職
・警視正（捜査一課長）─・警視（理事官、対策官）（管理官）─・警部（係長）─・警部補（主任）
刑事
・巡査部長（部長刑事）─・巡査

この確たる階級順を見れば、係長という中間管理職である警部や捜査一課長でさえ、テレビの刑事ドラマのように事件捜査を自ら行ったり、全国各地に飛んだりすることはまずない、ということがわかるであろう。それは刑事（巡査部長、巡査）の仕事だ。

警部は係長という管理職であり、警部補以下の刑事を束ねる指揮官なのだ。当然、中間管理職として上司の警視や警視正へ捜査状況を報告し、指示を仰ぐ。だから一部例外はあるにせよ、警部が容疑者を自ら逮捕し、取調室で問い詰めることなどまずないのである。

たとえば、東京の警視庁の殺人事件を扱う捜査一課特殊班では、取調官は警部（係長）または警部補（主任）が当たるという慣習がある。しかし実際は〝デカ長〟（巡査部長）や巡査が行い、難事件を解決した事例のほうが多いという。

警視庁の幹部連は、

「階級が上の管理職の警部らは数々の現場を踏み、ホシ（容疑者）への対応が柔軟で対処も速く、よりプレッシャーをかけられる……」などとしているが、ホシを落とす（自白させる）取調べは、階級の上下にかかわらず刑事の人間性による職人芸が要求されるのだ。

取調べに至るまでの容疑者を特定する捜査は、あくまで管理職ではない刑事の仕事であり、その過程を無視した〝警部物語〟は、現実の捜査活動と大きく乖離《かいり》している。

だが、青木が演じた特捜隊の二船主任が、その職制のとおり初動捜査のみで、後は所轄や本部の刑事にお任せでは、ドラマツルギーは生まれづらい。だから誇張が入るのは当然だといえるだろう。

問題なのは、その程度で中間管理職である警部が捜査活動の第一線に出て全国へ出張していたら、捜査本部の指揮などできるわけがない。そこに一切触れないテレビ刑事ドラマは行き過ぎたフィクションなのである。

そんなフィクションの世界の特捜隊主任の青木であっても、彼は渋い魅力を発揮していた。本物の刑事とは、こういう男なのではないかと思わせる存在感があった。強悪犯を追いつめる刑事と職掌が違うとはいえ、初動捜査を任務とする特捜隊主任（警部補）も、犯罪捜査に関わる第一線の警察官であることに変わりはない。

彼らは職人的な捜査手法で事件解決の糸口を探っていく。捜査本部が立ち上がっても、捜査会議に参加することは稀で、参加しても手持ちの情報を簡単には明かさない。それは幾多の刑事ＯＢたちが「そうだ」と語っている。

ところで、警視庁捜査一課の殺人班が殺人事件発生後、直ちに現場に駆けつけるのも、テレビ的フィクションである。実際はまず機動捜査隊や所轄の初動捜査担当の刑事たちが出張る。その彼らが事件の性質上、捜査本部立ち上げの必要性を感じたら上申する。それを捜査一課の幹部連が協議し、立ち上げを決めたら、初めて殺人班へ出動命令が下るのだ。つまり殺人事件後直ちにではなく、彼らはお膳立て後に満を持して出動するのである。落語でいえば、前座―二ツ目の高座後に〝真打〟登場といったところだろうか。

なぜ多くの刑事たちは、捜査会議でそうたやすく自己の情報を明かそうとしないのか。なぜなら彼らの誰もが、

「ホシは自分であげる！」

という強烈なプライドを持っているからだ。だから実際の捜査会議では、それぞれの思惑入り乱れ、我々が想像するほど犯人検挙に向けての統一的な捜査方針が、テレビドラマほど立てられないのである。

職掌、階級にかかわらず、警察官には強烈な個性の持ち主が多く、ニヒルなパーソナリティーが形成される。理不尽、残酷、非人道的な事件や犯人と対峙する日常業務の中では、人情派刑事など警察組織の中で目立つ存在とはなり得ない。人情は容疑者

を取調室という密室内で、〝落とす〟際のレトリックに過ぎない。

そんな第一線の刑事の屈折したキャラクターを、青木はリアルに演じていた。とはいえ、修羅場をこなす悪徳刑事になってしまうことなく、彼らとは一線を画す凄味を醸し出した。今はそういう味とこくのある刑事を演じる俳優がいない。変に人情っぽいか、やたらアウトロー的な刑事しか出てこない。

こうしてみると、あの日あの時、渋谷の名代の台湾料理店で、青木義朗と遭遇したのは誠に奇遇だった、ということだろう。

11. 松本清張 圧倒的な存在感

日本の書店の総本山のような新宿の紀伊國屋の四階に紀伊國屋ホールがあり、各種のイベントが開催されている。そこで、母校の大学で事務職員をしていた昭和五十一（一九七六）年に、新潮社主催の文化講演会が催された。これは毎回人気作家二名を招いて行われ、人気を博していた。

二名の有名作家がそれぞれ約一時間半の講演をする。私も昨年初めて地元の公民館に招かれ、シニア講座で一時間半の講演をしたが、その長さを痛感した。講演会のチケットを入手するのは、意外に簡単でハガキを通じて手に入れた。ＳＮＳの現代社会と違い、ハガキでの申し込みだから、実際に応募する人は案外少なかったのかもしれない。

私が幸運にも聴くことができた作家たちは、堀田善衛、新田次郎、阿川弘之、五木寛之、松本清張……あとはもう思い出せない。しかし、こうして並べてみると、そうたやすく目にすることができない、ましてや話を聴くことなどできぬ豪華な顔触れだったことがわかる。

一流の出版社が講師に選ぶのだから、誰もが話し上手であったが、半面、講演慣れしている面がないでもなかった。それでも、各作家の個性がにじみ出る話術は、毎回聴いていて心地よかった。中でも松本清張（以下清張さん）の存在感は群を抜いていて、何か圧倒される感じがしたものである。他の作家にはない一言一言に凄味さえ感じた。私が聴いた回で、清張さんは主に〝鑑真〟について語った。

この年（昭和五十一、一九七六年）、清張さんは六十七歳で、毎日新聞の全国読書世論調査で、「好きな著者」第一位となり、まさに創作活動に脂が乗り切っていた時期であった。この頃は特に古代史物の作品、『私説古風土記』『清張通史』『古代史私注』『沙翁《シェイクスピア》と卑弥子』などの意欲作を発表する。

もう従来の社会派推理作家の枠を脱して、より多くの分野で作家活動をし、日共（日本共産党）と創価学会へ反ファッショでの共闘を呼びかけるなど、政治的な動きも見せるようになっていた。

だが、古代史シンポジウムに一流の学者と共に参加し司会を務めるなど、古代史への独自解釈を試み学界に挑戦的な発言をするが、そのほとんどが当時のアカデミズムからは無視される。それらは今日では再評価され、一定の〝松本史観〟が認められた。

講演当日の鑑真の話にしても、それまでの定説を覆すものだったが、鑑真来日は奈良時代だから、これは古代史でも末期のもので邪馬台国よりも史料的には恵まれている。それでも学界の定説に疑問を投げかけるのが、清張さんの真骨頂であろう。

彼は一時間半弱も訥々《とつとつ》と飽くこともなく歴史の裏面を、豊富な文献読み込みから独自解釈し推論を展開していった。残念ながらその内容の半分も理解できなかったが、「私は鑑真は一度で日本に来たと思うんだ。少なくとも、そう何度も日本への渡航を当時の唐で高僧たちが許可したとは思えない……」と語りだしたので驚いた。

それまで鑑真といえば、中学の日本史で習った程度の知識しかなかったからだ。鑑真は奈良時代に遣唐使が盛んな頃に、日本から渡った留学僧たちが、ぜひ来日して日本に仏教を伝道してほしいと懇願した唐代の高学僧である。

ところが、現代の習近平政権にも及ぶ「世界の中心は中国」とする〝中華思想〟の下では、自国の高僧を派遣するなどもってのほかであった。それでも鑑真は仏教の教えに国境はない、と自ら渡航すると主張したのだ。皇帝や弟子の僧たちからの度重なる妨害にも屈せず、十年という月日を費やして来日を果たす。しかし、長年の過酷な渡航の失敗によって体調を崩し、来日時にすでに失明してしまっていた。

すでに六十六歳の高齢となり、それでも亡くなるまでの十年弱を平城京を拠点に仏教の教えのみならず、建築や彫刻や薬学まで伝授し日本社会に多大な貢献をした。東大寺に日本初の僧侶に戒を授ける儀式の戒壇を設け、聖武上皇らに仏門に入る戒律を授ける授戒を行う。その後、七五九年に奈良に唐招提寺を建立し、いわば日本仏教の大恩人である。

鑑真の死に際して弟子たちは、その偉業を忘れじと木像を彫刻し、恩師に永遠の生命を吹き込み、それが今日《こんにち》唐招提寺の国宝に指定されているのだ。実はその国宝の木像を、私は目にしている。というのは、二十数年前に中学校の修学旅行の生徒引率で奈良を訪れた晩春の一日、同僚の先生たち数人とで奈良公園からタクシーで唐招提寺に向かった。そこで、国宝と間近に対面したのだ。ちょうど国宝木像の開帳時期に当たっていた幸運である。

思えば、当時の修学旅行では生徒たちが班単位で見学で回っている時は、教師たちは案外自由に行動できた。今ではそうもいかないのではないか。もっとも、タクシーを利用してのグループ行動も一般化したから、けっこう先生たちはフリーの時間が多いのかもしれない。

鑑真像は思いのほか小振りであったが、失明していても穏やかな微笑を浮かべるお顔からは限りない慈しみが感じられた。

そんな鑑真を、清張さんは「一度で日本に来たと思う……」と、いった。それを聞いて苦節十年の末に来日を果たしたというのは嘘なのか、と驚きを覚えた。それは歴史学で証明されているわけではないが、清張さんの人となりをいみじくも体現した異説だったと思う。

ところで、清張さんは昭和三十六（一九六一）年に作家の所得番付で三八〇〇万円を超えてトップとなり、以後ほとんどその地位を譲らなかった。国民的なベストセラー作家となり、書きたい物を好きなだけ書くことが許される存在になったのである。

今ではまず一億を超す所得がなければ、作家の所得番付で一位にはなれないだろうが、そのすべてが作家の手取りになるわけではない。当然、所得に対して国税や地方税（住民税）がかかる。ちなみに、清張さんは昭和三十六（一九六一）年には、国税二〇〇〇万と地方税五〇〇〇万円を納めた。つまり収入に対する手取りは、一三〇〇万ちょっとだった。

講演当日、壇上に現れた清張さんは人気、筆力抜群の実力作家というイメージそのまま、威風堂々と茶のジャケットに黒ネクタイをきりりと締め、思いのほかダンディーであった。だが、これまでの〝等身大のスターたち〟と違い、さほどオーラは漂ってはいなかった。むしろ、暗い翳《かげ》のようなものを感じたのである。といっても、ホールの中段よりも後ろの席にいたので、清張さんの表情を読みとれたわけではない。

当時の私は物書きになりたいと思っていたから、清張さんの小柄な姿がより一層大きく見えたのかもしれない。オールバックで黒眼鏡の風貌がマスコミに流れていて誰もが知る清張さんだったが、壇上からいきなり、

「松本です」

と前置きして話し始めたので、ひどく滑稽に感じた。話しぶりは他の有名作家のように立て板に水といった感じではなく、一語一語嚙みしめるように語る学者か研究者の趣きがあった。

清張ワールドは多種多様で、とても一括りにすることはできない。時代、歴史小説から社会派推理物、さらに戦前・戦後史の裏面、さらに古代史への探究と百花繚乱《ひゃっかりょうらん》である。だが、すべての作品に共通しているのは既成概念を覆す独自の視点で、反権

力と弱者への共感ではないだろうか。

反権力とは体制派の価値観の驕《おご》りに、敢然と異議を唱える言動である。清張さんは、それをペンを通じて終生徹底した。貧しい家庭の出生と、尋常高等小学校卒という学歴コンプレックスが、清張文学を決定づけた。また、四十歳を過ぎての文壇デビューが、実力を伴わない流行作家への強烈なアンチテーゼとなった、などとするのが文芸評論家の定説となっている。

確かに学閥や閨閥《けいばつ》にあぐらをかき、虚名に浸った学者や研究者に対する清張さんの舌鋒《ぜっぽう》は苛烈である。執拗な攻撃を繰り返す諸作品には逆説的なコンプレックスが、正直いって食傷気味になることがないとはいえない。しかし、清張さんが意図したのは、個人的な意趣返しではなく、体制に風穴を開けようとするアンチテーゼであったと思う。

鑑真和尚——艱難辛苦《かんなんしんく》の末の来日——失明という定説に、何を根拠にそう定義するのかと、独学での十分な調査を元に異議を唱えたのである。当然と化した学界の歴史解釈に、自己のフィルターを通し疑問を投げかけた清張さんの作家としての主張に私は共感する。

彼は単なる推理作家という枠を超え、社会的啓蒙家を目指していたのではないか。しかし、その本人の思いとは別に、やはり彼は稀代の読み物作家である、という思いが今は強い。巨悪に対する怒りやアカデミズムへの反逆といった大上段に構えた作品よりも初期の短編などのほうが、一気呵成《いっきかせい》に読ませてしまう面白さにあふれているからだ。それを清張さんは認めたくなかったのだろうが、類い稀なストーリーテラーであったことは間違いない。

そもそも彼の推理小説は既存の探偵小説を否定することから始まった。名探偵が主役のおよそ現実離れした猟奇的な事件を解決するパズル的な探偵物に飽き足らず、現実社会で起きる事件を想定することから生まれたのである。それはそれまでの探偵小説作家が主張しなかった現実に即したリアリズムを求めることであった。

具体的には物理的なトリックを廃し、心理的な動機を重視した。動機を語ることで、犯罪者の人間性を描く。特異な環境の中に人物を置かず、日常生活の中から殺意を抱かせる。登場人物も市井の一般庶民にした。日常のある日突然、事件に巻き込まれ非日常と化しサスペンスが生まれ展開していく。

清張さんの言葉を借りると、戦前からの〝お化け屋敷〟的な探偵小説をリアリズムの外に引き出したのである。さらに、従来の犯罪動機が個人的な金銭のトラブルや愛憎のもつれなどが主でステレオタイプ化し、動機に社会性が欠如しているとした。犯罪の動機は様々な要因から極限状態に追い込まれることから生まれる、とも主張した。

清張さんは単なる人気ベストセラー作家にとどまることなく、文豪のような扱いを受けるようになったが、終始一貫していたのは社会の闇に潜む不条理な悪を暴き出し、白日のもとにさらすことにあった。たとえそうだとしても、個人的には社会悪に挑んだ長編や戦後史ドキュメンタリー物よりも、日常のさりげない暮らしの中で起こる事件を、いかにして事件に至ったのかを、ていねいに描いた短編作品のほうが私は好きだ。

あの日、鑑真和尚の来日の一件を重厚に語った清張さんには、もはやそのような小品の作者としての顔は窺えなかった。巨匠の道を歩み出した文豪の顔があり、いささか私には重すぎたようである。

12. ダウンタウン　浜ちゃんのドヤ顔

今や漫才といえば、〝M－1グランプリ〟だろう。何十いや何百か、若手から中堅の漫才師たちが年一度のグランプリの頂点に立とうと、予選からスポーツもどきの熱戦を繰り広げる。優勝すれば、一夜にして売れに売れテレビやラジオにと露出が増える。

ところが、肝心の漫才となると刹那的には面白いのだが、癖になるほど見たいと思わせるコンビはほとんどいない。あえて今そんな思いにさせられるのは、私の場合〝ナイツ〟と〝サンドウィッチマン〟ぐらいか。ところで、ナイツはM－1でグランプリは取っておらず、確か三位か四位だったと思う。

つまり、M－1で優勝したからといって、それが即、寄席の常連から評価されるわけではない。もっとも、若手の漫才は寄席出演をあまり意識してはいない。彼らの関心はいかにテレビで売れるかにある。寄席に集う客はＳＮＳの若い視聴者のように日々の時事ネタや、トレンディーなネタで笑うわけではない。

　確かなしゃべくりの漫才の芸に木戸銭を払うのである。元来漫才は落語と違い、〝古典〟となるネタがあるわけではない。だから、売れる若手は時流に合わせたネタで、それを視覚的にアレンジして演じている。それは流行語大賞と同じように、次から次へと出てくる時事ネタにすぐかき消されてしまうから、自分たち独自の普遍性のある漫才はできない。

　その点、ナイツもサンドウィッチマンも、つまらなければクスとも笑わない寄席の観客に鍛えられているから、受けたネタを少しずつ定番としているところが偉い。

　彼らと対照的に、ダウンタウンの二人は今や若手に対する大御所を気どって、街のアンチャンだった自分たちを世に出してくれた寄席や演芸場で、お上りさんたちに一時のカタルシスを与える漫才をもう演じていないのだ。

　私がむし暑い夏の大阪でダウンタウンと出会ったのは、もう三十数年前のことだったと思うのだが、例によってはっきりしない。彼らが関西で売れ始め、吉本のプロデュースで東京に進出した頃だったと思う。

場所は地下鉄御堂筋線を心斎橋で降りて、大丸を左手に見て南の繁華街に下っていった時に突然、左手の通りから二人が現れたのである。マネージャーらしき男性の先導で、浜ちゃん（浜田雅功《まさとし》）と松ちゃん（松本人志）が歩いてきた。その時の浜ちゃんのぶっちょう面が忘れられない。

いかにもふてくされていて、いやいや松ちゃんとマネージャーらしき二人の後につき従っている、といった感じだった。何が気に入らないのか、歩き方にもいらつきが出ていた。ダウンタウンの二人、とすぐに気付いたが、どこにでもいる街の〝アンチャン〟といった感じがしたものである。二人はどこに向かうところだったのか……。

場所からして、ひょっとすると一つ仕事を終えて、吉本の聖地〝なんばグランド花月〟に行く途中だったかもしれない。まだそれほど売れているわけではなく、道行く人も彼らを意識しておらず、むしろ眼中にないというふうだった。それでも、私はすぐに二人を認めたのだから、関東での認知度も高まってきた本格的に東京進出を果たした頃（平成元、一九八九年）だと思う。

この出会い時の印象が、今のダウンタウンに重なっている。街中のどこにでもいるアンチャンが、ある日突然売れだし大物気取りになってしまった。そもそも、いやいや歩いている不機嫌な浜ちゃんは、すでにして偉そうで、むしろ松ちゃんのほうがマネージャーらしき男性とにやけて話していて如才ない感じで、今とは大違いである。

漫才ではボケとツッコミという役割分担があり、最近では役割が途中で代わることもあるが、まず固定しているのが普通だ。一般的にボケは〝間抜け〟で、ツッコミは〝利口〟。またはボケが〝非常識〟で、ツッコミが〝常識〟か。

これを大阪の名高い笑芸作家の一人が、

「ボケは漫才人間で、ツッコミは役者人間」

と評した。漫才人間には文字どおり天性の漫才師的なフラ（持って生まれたオカシサ）がある。ほとんどアドリブで自由奔放に見えるが、根は意外に神経質で横山やすしが典型であろう。

相方の役者人間の典型は西川きよしだ。感覚的にではなくネタ合わせをし、台本の筋書きどおりに漫才を演じる予定調和型である。すると、松ちゃんは漫才人間で浜ちゃんは役者人間となろうか。

意外に知られていないが、ほとんどの漫才師には台本作家がついている。といっても、無名の頃は自分たちでネタを考えるしかない。

ダウンタウンの場合、ネタ作りはイメージと違って、もっぱら松ちゃんが担当していたという。浜ちゃんはそのネタに沿って、決まった役割を演じていたわけだから、やっぱり役者人間なのだ。

彼はネタは作れないが、ネタに乗ってしゃべるのを得意としている。思えばテレビの司会者は役者人間に最も向いているのではないか。自らアクションを起こすわけではなく、ゲストのタレントや〝壁の花〟(ヤラセの観客)をいじって笑いをとるのに長《た》けているからだ。そして、そのような番組には当然構成作家がいて台本がある。

ダウンタウンの二人は兵庫県尼崎市の小学校の同級生で、高卒後に浜ちゃんが松ちゃんを誘い、吉本総合芸能学院(NSC)の一期生となった。昭和五十七(一九八二)年のことである。NSCは芸人を従来の徒弟制度ではなく、各種のレッスンを通じて育成しようとする芸能学校で、実力本位をモットーとした実力主義のいかにも吉本らしい学校だ。

東京では芸人を志す若者は今と違い、誰かに弟子入りし、寄席で修業し徐々に自分の持ち場を増やす雌伏の期間を経て世に出ていった。吉本はそれを全否定し、昨日まで素人だった街のアンチャンでも、才能と運に恵まれた者をプロデュースして、若者たちを一夜にして人気者に仕立て上げるシステムを作りあげたのである。

事実ダウンタウンはNSC入学後、たった二か月でテレビに初出演した。その後、次々と関西エリアで賞取りの常連となった。

・一九八二（昭和五十七）年――毎日放送素人名人会名人賞、第三回今宮こどもえびす新人漫才コンクール福笑い大賞、フジテレビ笑ってる場合ですよ！　第三十二代チャンピオン
・一九八四（昭和五十九）年――第五回ABC漫才・落語新人コンクール漫才部門最優秀新人賞、第十四回NHK上方漫才コンテスト優秀賞
・一九八五（昭和六十）年――第二回花月大賞花月新人賞

・一九八六（昭和六十一）年――第二十一回「上方漫才大賞」新人奨励賞
・一九八七（昭和六十二）年――第十五回「日本放送演芸大賞」最優秀ホープ賞、第二十二回「上方漫才大賞」奨励賞、第七回「花王名人大賞」最優秀新人賞
・一九八八（昭和六十三）年――第二十三回「上方漫才大賞」奨励賞
・一九八九（昭和六十四、平成元）年――第二十四回「上方漫才大賞」

この受賞歴を見ると、高卒後の十八歳でデビューしておよそ七年で、これだけの賞をとれば天狗にならないはずがない。

一九八九（昭和六十四）年の上方漫才大賞受賞で、おそらく自分らはもう関西での頂点を極めた、と思ったのであろう。吉本でも彼らに本格的な東京進出を促し、強力なプロモートで東京のテレビ局に売り込んだ。このテレビが曲者なのである。

落語はラジオ時代と違いテレビ向きではなくなり、すでに視聴率が取れなくなった。その半面、漫才ならとれるようになり、若手漫才ブームが起き、テレビの特番が組まれるようになった。元来、テレビ番組のプロデューサーは視聴率第一で、演芸そのも

のが好きなわけではないのだ。

ダウンタウンも漫才よりも仕事の場を、徐々に司会やイベント、役者、作家などに求めていった。テレビで看板番組をいくつも持つようになると、二人は別々に仕事をするようになり現在に至っている。ある意味、彼らが漫才出身の若いタレントたちの一つの典型になったとはいえよう。

ところで、面白いエピソードがあり、しかもそれは中学生が松ちゃん、浜ちゃんの漫才を初めて見た時のコメントなのだ。

「へぇー、漫才もやるんだ！　でも、あんまり笑えないなぁー」

いい得て妙ではないか。中学生の彼だが、漫才はもっとしゃべくり中心だろう、という意識があったに違いない、なぜなら今風のギャグを連発してボケるだけなら、彼の学友にもその手はいくらでもいるからだ。そんな若者の多くが、演芸やタレント養成校に通っているのが現代なのである。

落語と違い、漫才には古典がないといわれる。世相の粗《あら》を面白おかしくデフォルメして笑いをとる芸だから、今日、今年受けたネタが明日、来年まで持つとは限らない。

常にネタをアップデートしていかなければならないから、話が古典化されることはあまりないのだ。

だが、落語であろうと漫才であろうと、笑いの本質はアップデートにはない。時代を超えて庶民のカタルシスとなり得る話芸によるのである。それは演者の人間性による。かつての漫才名人たちには、時代の変化に左右されぬ確固としたルーティンのネタがあった。

てんや・わんや、いとし・こいしらの漫才には、何度見ても飽きないネタがあり癖になったものである。そんな昭和の名人コンビに遡《さかのぼ》らなくても、今の吉本のベテランコンビのオール阪神・巨人や中田カウス・ボタン、大木こだま・ひびきの漫才にも、長年磨き抜いてきた話芸が確《しか》とある。彼らの笑いは大阪を代表するものであり、「東京落語に大阪漫才」と称されることが多い。

落語と漫才の笑いには本質的な違いがある、と〝大阪学〟の権威・大谷晃一氏は指摘された。氏によれば、落語家は与太郎のような落語世界の少々おつむが弱い自分を演じるが、決して自分が与太郎であると表現しているわけではない。あくまで噺の演出上演じているのだ。一方、大阪の漫才は、演じるボケ役が自ら阿呆《あほう》なキャラクターで、それを臆面もなく出してくる。〝アホの坂田〟が、その典型だろう。架空の人物の阿呆さんを笑うのではなく、演者自身を阿呆と見て笑う。

それを大谷氏は、聞き手に優越感を与えて作り出す笑いだと指摘された。しかも漫才に限らず、関西圏の芸人全般に当てはまる傾向だという。大阪伝統の漫才は、今やもう消滅してしまったといえるだろう。若手漫才には普遍性は乏しく、売り出すための手段として漫才を選ぶのであり、売れたら即テレビタレントとして楽な仕事（芸を必要としない）の分野で人気を維持していくからである。

ダウンタウンと出会った数年後に、今を謳歌している〝千鳥〟も、今はない〝うめだ花月〟で、彼らの全く笑えぬぎこちない漫才を見たが、そのネタは全く覚えていない。それほど受けていなかった。

ところで、千鳥やダウンタウンにしても、最近彼らの漫才をテレビで見た人はいるのだろうか。私は全く見ていない。見るのは浜ちゃんが芸能人やスポーツ選手いじりの安直なバラエティーの司会や、千鳥の東京の街の路地裏をブラ散歩しながら、予定調和の地域住民との出会いを大げさにはしゃいで見せる姿だけである。

それにしても、例の中学生の、

「へぇー、漫才もやるんだ……」

は、こうしてみると至極名言だったかもしれない。

13. 松井優典　ノムさんの懐刀

よほどのプロ野球好きでないと、松井優典《まさのり》氏を知っている人はいないだろう。まず、彼の南海―ヤクルトの現役時の成績に見るべきものはない。およそ九年間の選手生活で出場した試合数は140位のものだ。

ところが、現役引退後のキャリアが凄いのである。よく「名選手名監督ならず」というが、その逆は真のことが野球界には多い。選手としては一流ではなかったとしても、指導者としては優れたコーチの資質を備えている場合があるのだ。この点、合理主義のアメリカのメジャーリーグでは徹底していて、大リーグでの実績が皆無の名監督を何人も輩出している。ヤクルト、近鉄で〝赤鬼〟といわれたスラッガー、チャーリー・マニエルもその一人だ。

そして、松井氏は現役実績はほとんどなしだが、指導者として一流になった最右翼といえるのではないか。その松井氏に私は会ったばかりではなく、教えも受けたのである。三十年以上も前の中学野球部員対象の講習会でのことであった。しかし、当時はプロ野球関係者がアマチュアに指導するのはプロアマ規定に反するとされていたから、本来は違法だったのかもしれない。その時、松井氏はヤクルト野村監督の懐刀として、ヘッドコーチを務めていた。

私はこの時中学の英語教師で、部活は野球部の顧問をしていた。だが、一度市内大会で同率三位になっただけで、さしたる実績はあげていなかった。何とか前任者の残した県大会優勝という輝かしい実績に近づかなくては、と焦っていたのである。だが中学の野球部で準レギュラーだっただけでは、チームマネジメントの方法論など皆目見当がつかなかった。いくら指導書を読んでも、即実戦に役立つ練習などさせられない。

そんな時の松井氏の指導者講習会だから、勇んで参加した。しかも、当時の松井氏は今をときめく野村ヤクルトの陰の功労者といわれていたのである。そして、松井氏の子息が私の前任者が転出した中学の野球部に在籍していて、その縁で講習会が開かれたのだ。

当日の松井氏は一八四センチ、八十七キロの長軀をスッキリと白いジャージに包み、語り口穏やかに知性あふれるコーチングで、一日で心酔してしまった。しかも謙虚で具体的な教えはわかりやすく、キャッチボールから守備、打撃の基本と、どれをとっても部活に持ちかえり、明日からでも即練習に取り入れたい、と思うものばかりであった。

そして、デモンストレーションをしてくれた地元出身の若手プロ選手（一人は教え子）たちのプレーには瞠目した。プロとは「これほど凄いんだ！」と、その一挙手一投足は驚きの連続だった。内野のボール回しでは、塁間へそれこそ糸を引くようなボールが、正確に各ベース上に飛んでいく。

　中学生に塁間スローイングをさせると、まず満足にベース上に届かない。捕球前に送球に焦るあまり顔がグラブから離れ捕球し損ねることが多い。当たり前の基本だが、「捕ってから次の動作に」がおろそかになっているからである。捕球の瞬間、目はグラブについていなくてはならず、視線を投げる塁に向けてはいけないのだ。

　その点、若手プロたちは基本に忠実だった。一度捕球するやいなや、クイックモーションのスナップスローで、目指すべきベースに回転のいいボールを放つ。そのスピード感にうっとりというより、あ然となる。そのために必要な手首を基点としたスナップスローの練習も初めて見た。松井氏が選手の横からトスするゆるいボールを素早く利き腕でつまみとると、耳の後ろにボールを持っていき、目の前のネットにリストを利かせて投げる。ネットを利用したトスバッティングのスローイング版と思ってもらえばいい。

　これを学校に戻って生徒にやらせてみたが、彼らには難しすぎた。ただし、これはプロの選手でもできない選手が多く、外国人と違い日本人はボールを投げる際に、肩を回そうとするからではないか、ということだった。

もう一つ、短い距離で、利き足を一歩捕球時に踏み込んでのキャッチボールは役に立った。このほうが捕球と同時に送球体勢に入れるのである。

つまり、プロはボールを捕るのは当たり前。要はその後、いかに速く送球動作に移るかに工夫をこらすということだ。講習後の夕刻に、名代のそば屋の二階で懇親会を持ったが、その時の松井氏の処し方にも教えられた。全く偉ぶらないのである。物腰柔らかく従業員に対しても紳士的で、我々に対するアドバイスも精神論でもなく、あくまで具体的なコーチング法だった。どれをとっても、プロ野球のヘッドコーチとは思えぬ謙虚な人柄である。そんな点を、今は亡き〝ノムさん〟こと野村克也は買って、松井氏を重用し続けたのではないか。

野村は自らを「野村マイナス野球、イコールゼロ」と称したほどの野球狂だった。だから松井氏の温厚な人柄だけではなく、氏の野球理論を高く評価して、自分の懐刀として重用し続けたのであろう。浮き沈みの激しいプロ野球界で、監督とヘッドコーチという密接な関係が、この二人ほど長く続いた例はまずない。それほど〝野村の陰に松井あり〟だった。

実は二人の関係は南海（現福岡ソフトバンクホークス）時代に遡る。表面的には野村がヤクルトの監督に就任して以来と思われがちだが、実は二人は元来南海でチームメイトであった。松井氏は昭和四十三（一九六八）年、和歌山県立星林高校から、春・夏連続甲子園出場の実績を買われ、ドラフト三位で南海に入団した時は捕手である。

しかし、南海といえば野村捕手の時代だから、入団後すぐに内野手に転向させられた。それでも、野村の目の隅に松井氏の存在がひっかかっていたのではないか。残念ながら南海では実績を残せず、昭和五十（一九七五）年に、ヤクルト・スワローズに移籍した。ここでもレギュラー定着とはならず、四年後に引退した。そして、ここからの松井氏のキャリアが特筆もので、十四年間も球団マネージャーとしてチームを支えたのである。

それほど松井氏は現役引退後も、人間性を高く評価されたということであろう。やがて野村が紆余曲折を経て、平成元（一九八九）年にセ・リーグの弱小球団と見なされていたヤクルトの監督に就任した。

すると、パ・リーグ育ちの野村は〝サッチー〟こと沙知代夫人に電話をかけさせ、松井氏を田園調布の自宅に呼び寄せたのである。そもそも野村はサッチーがらみのスキャンダルで南海のプレーイングマネージャー（選手兼監督）の座を失った。サッチーがしたり顔でチーム編成に平然と口を出し始めたことが、球団や選手・コーチたちから反感を買ったといわれている。

球団から、「野球をとるか、女をとるか……」と詰問されて、「女（サッチー）をとる」と答えたことは、野村自らが認めていた。

南海退団後、ロッテ—西武と一選手としてボロボロになりながら現役にこだわった野村が、畑違いのセ・リーグで指揮をとるのだ。その際、まっ先に自らの右腕として側近にするべく松井氏を指名したのである。それほど野村は自分に全く欠けた、松井氏の謙虚で真摯《しんし》な人間性を、チーム運営に絶対不可欠とした。

ところで、そんな思いで松井氏を招聘《しょうへい》したのは理解できるのだが、それならなぜ自分で電話をかけないのか。しかも、それを南海を追われた元凶となったサッチーにさせたところに、私の徹底した野村嫌いの根がある。ただし、彼の野球理論には敬服してはいるのだが……。

彼女は経歴のほとんどを虚飾し国政選挙に出馬するも、それをマスコミに暴かれ糾弾されたことが、またしても夫を監督（阪神）解任に追い込んだのだ。男が男に惚れた時に、そんな性格破綻者の女房に電話させるものか！

野村の野球に対する情熱、該博な経験と実績に基づいた野球理論、野村ノートによるミーティング革命、独自のデータを駆使した野球解説など、どれをとっても称賛に値するとは思うのだが、先の電話の件にしても、

「やっぱりなぁー」

という思いが断ち難いのである。どこかに、いっていることと、やっていることの不一致を感じてしまう。

かつて、王の一本足打法の生みの親・荒川博（元巨人軍打撃コーチ）氏は、日本シリーズで何度も対戦した野村を評して、

「実にやりやすいキャッチャーでしたよ」

と、テレビのプロ野球回顧番組で語った。つまり、巨人VS南海の日本シリーズ華

やかなりし頃、巨人ベンチは野村の弱肩を見こしてランナーが出ると、「走るぞ、走るぞ」と見せかけプレッシャーをかけ続けた。

すると野村は盗塁を恐れて、ピッチャーにウエスト（ボールにする捨て球）させることが多く、バッター優位のカウントにたやすく持ち込めたというのである。そして、荒川氏は皮肉まじりに、こう締めくくった。

「与《くみ》しやすいキャッチャーでした。今では、ずいぶんと立派なことをおっしゃっているようですが……」

野村といえばＩＤ（Import Data）データを取り込んでの野球。ところが、松井氏によると、野村はこのキャッチフレーズをあまり気に入っておらず、それは自分の理想とするシンキング・ベースボール（考える野球）の一部に過ぎない、と考えていたという。

しかし、〝Thinking Baseball〟は野村の独創ではない。大リーグで名2塁手と名高かったドン・ブラッシンゲーム（ブレイザー）が、選手生活の晩年を日本で助っ人外国人として南海にやってきた時に、日本球界に初めて紹介した野球戦術論なのである。

「投げた、打った、走った、捕った……」という大味な日本プロ野球に、データに基づいた確率重視のプレーの重要性をブレイザーが野村に説いたのだ。彼こそが、シンキングベースボールの伝道者である。

野村はブレイザーに心酔し、三十五歳の若さでプレイングマネージャー就任を南海フロントから打診された際に、一つ条件をつけたことはよく知られている。それは、「ブレイザーがヘッドコーチになってくれるなら受ける」だった。

畑違いのセ・リーグヤクルトの監督就任時に、松井氏をヘッドコーチに招いたことと、どこか通じるところがある。そんな野村に尽くし抜き、阪神でもヘッドコーチを務めた松井氏に、戦国武将の真の知恵袋だった忠臣ナンバー２の生き様を感じるのだ。

おわりに

今世の中はコロナウイルスパンデミック一色である。しかし、これまでも人類は常にウイルスと闘ってきた。今回は一向に収束の出口が見えず、人々は漠とした不安の中で日々を送っている。だが、日本でも緊急事態宣言が発せられた。それは欧米各国とは一線を画し都市封鎖—ロックダウン—をせず、自粛要請主体の緩やかなものだが、ステイホーム〝Stay Home〟生活を余儀なくされる。

その宣言も一か月ほどで解除され、経済や文化活動をコロナ対策を備えた新しい形で再開したが、いつまた宣言が発せられるかわからない。そして、この現状に世界と同じく日本でも、多くの著名人がマスコミやSNSを通じて、激励のメッセージを動画などで発信しだした。

芸能界、スポーツ界、音楽界、文学界その他様々なジャンルのスターたちが、まるで宗教家のような御託宣を告げ始めたのである。当然、中には身の程知らずの浅薄なコメントで、世間からバッシングを受けるタレントや芸人が出る。たとえ時代が変わった、言論の自由は民主主義の要であるといわれても、そこには一定の自己規制が働いて然るべきだ、と思うのだ。決して芸能人だからスポーツ選手だから、畑違いの政治や経済に伴う社会現象に知ったような口を利くな、といっているのではない。

ただ今回振り返ったスーパースターたちなら、今の世でその手の発言はしないだろう、と思うのである。かつて昭和の天与の落語家と謳われた古今亭志ん生は、しびれるような一言を残した。それは口調はいかにも軽いが、半ば本気の発言であったろう。

—世の中にはあってもなくってもいい、てなもんがありますが、落語なんてものはなくってもなくってもいいんで……—

志ん生は決して自己否定や自己卑下して言ったのではない。落語を冷めた目で見ていながら、なくってもなくってもいい存在が、実は大衆から絶対に必要とされていることへの矜持をオブラートに包んで語ったのである。

最近、次のような記事を目にして、昨今の著名人たちのSNSでのしたり顔メッセージ発信への違和感が得心できた。

誤解を恐れずに書けば、寄席は健全な引きこもり施設だ。演芸好きだけでなく、実社会で行き詰まった人も集まり、不健全なネタで笑う。記者も客席に身を沈めては、のんきな落語家やダメぶった漫才師に「生きてていいんだ」と何度救われたことか。

―中略―

ベテラン落語家の五街道雲助は「クスッとも来ない寄席の客を相手に鍛えてこないとね」と、自分のファンばかりではない厳しさを語る。（朝日新聞夕刊　二〇二〇年六月一日）。

世情不安が高まると、コロナ禍の昨今のように自粛ムード一色となり、庶民はカタルシスとしての娯楽を求める。いみじくも志ん生がいった、

「なくってもなくってもいいいもの……」

が、実は人間社会にとって不可欠なものであることに気付くのだ。

元の日常を取り戻せた日こそ、スーパースターたちは各界で活動を再開して、

「待ってました！」

とばかりに迎えられればいいではないか。それまでは、まるで場違いと違和感を覚えさせる似非コメントを控えたほうがいい。

そして、十三人の等身大のスターたちの軌跡を辿ってわかったことは、誰もが自分の道を一途に歩いていったこと。その過程で様々な苦難に遭遇しても、それを曖にも出さずバッシングも自然体で受け入れた。我ら凡人たちは、そうした際に迷い悩み進路変更したりして、自己保身に走りがちである。

その道一途に生きることが、いかに難しいかを思い知らされるのだ。それを一見苦もなく遂げたように見えるスターたちだが、実際はスターなるがゆえの葛藤に苦しんだことが、歳を重ねるにつれて想像できるようになった。

ところで、もう一人記憶に残る忘れ難い昭和のスター？　がいるのだが、皆さんはあまりご存じではないと思うので紹介する。その人はプロ野球パ・リーグの元広報部

長の〝パンチョ伊東〟こと伊東一雄氏。昭和五〇～六〇年代（一九七五～一九九八年）当時はマイナー扱いだったパ・リーグの人気向上に一役買った縁の下の力持ちで、スター選手並みに輝いていたのである。

その伊東氏に私は二十代の半ばに、時事通信社運動部でアルバイトをしていた時に出会い、少しだけ話もさせてもらったことがある。ある夜、フラリと運動部のデスクに現れた〝パンチョ〟さんを見て、

「あっ、伊東いやパンチョさんだ！」

と、意外な遭遇に驚いた。ちなみにパンチョというニックネームはＭＬＢ（大リーグ）関係者が、メキシコ人を思わせる風貌からつけたという。それほど伊東氏は大リーグと深い関係を築いていたということ。

当時の伊東氏は文字どおりパ・リーグ広報部長として、セ・リーグの人気に追いつこうと、パ・リーグの盛り立て役としてマスコミへの登場が多く、ある意味選手よりも知名度が高かったかもしれない。

というのは、昭和四十（一九六五）年のドラフト開始から、その会議の司会を二十

数年にわたって務め、テレビ中継でお茶の間の顔となったからである。その際、指名された選手を張りのある高音で読み上げる姿が、よくスポーツニュースで流れ、知名度が高まった。

選手の名を嬉々として読み上げる伊東氏の姿を見て、

「この人は本当に野球が好きなんだなぁー」

と思った。また今ほどMLB野球が知れ渡っていなかった頃に、すでに日本有数の大リーグ通であった。それには伊東氏の抜群の実践英会話力が物をいったはずだ。時事通信社運動部にやって来た時も、デスクから頼まれて外国人選手の自宅に電話をかけ、確か年俸に関することだったと思うが、流暢《りゅうちょう》な英語でインタビューをし、そのやりとりに聞きほれてしまった。

ところで、我々〝坊や〟と呼ばれていたデスク補助の一人が夜食でとった出前のラーメンを見るや、傑作にもいった。

「悪いんだけどさぁー、そのラーメン俺に譲ってくれよ。君の分はこれで（何と千円札）何でも好きなものをとってくれや……」

と、本当にそのラーメンを美味そうにすすり始めたではないか。

当時の時事通信社は、古ぼけた日比谷公会堂のビル内にあった。その界隈にある名代の中華飯店の出前といえどもラーメンがまずかろうはずがない。そんな気さくでユーモラスなパンチョさんも、晩年は多発性の内臓がんを発症し一気に衰弱し、二年強の闘病の末、二〇〇二年初夏に六十八歳で亡くなった。思えば私の現年齢である。

パンチョ伊東氏も私の青春時代の紛れもない〝等身大のスターたち〟の一人であった。今の大谷二刀流の活躍を、パンチョさんならどう形容するだろう。ご冥福をお祈りする。

それにしても、スターとはいかなる存在なのか。辞書にはこうある。

「映画、演劇、音楽、スポーツ界のスター。人気俳優、花形選手、映画・演劇の主役、各分野での第一人者、成功者、有名人、人気者……」

まぁ、どの辞書でも同じような定義であろう。そのどれもが語源の英語〝star〟からきているのは一目瞭然だ。つまり、「夜空に輝く銀の星」。しかし、辞書にはやはり当たってみるものだ。最初に〔天文〕として「恒星」とあるではないか。〝fixed star〃である。恒星は天球上では、ほとんど動かない。その周りを巡るのが〝planet〃惑星。そう、スターは動かない恒星であり、確たる位置に鎮座して光を放つ。その光線の周囲に我々が惑星となってまとわりつく。惑い星が我々なのだ。

だが、恒星にも鋭い輝きを放つものと、淡い光を放つものがある。淡くとも輝きを放つ恒星になれる者もスターではあるが、今回取り上げた十三人はそれぞれの定位置で、鋭い光線を放ち続けた。

そんな等身大のスターたちと一瞬でも接近遭遇できたことは、私の一生の宝である。その全く個人的な邂逅を一冊に足りると、出版までの全過程にプロフェッショナルな仕事を施してくださった文芸社各位と、十三人のスターたちには感謝の念しかない。

二〇二二年十月二日

著者プロフィール

網代 栄（あみしろ さかえ）

1951年、東京生。

明治学院大学英文学科卒。

大学事務職員、通信社編集補助、塾講師を経て、1985年、公立中学校英語科教諭。

2012年、初任者指導教員の後、現在はスクールアシスタントとして勤務。

2013年より文芸社で著書出版、処女作は『五輪私語り』で、前作は『コロナ禍と学校』。

等身大のスターたち

2023年6月15日　初版第1刷発行

著　者　網代 栄
発行者　瓜谷 綱延
発行所　株式会社文芸社
〒160-0022　東京都新宿区新宿1－10－1
電話　03-5369-3060（代表）
03-5369-2299（販売）

印刷所　株式会社平河工業社

ISBN978-4-286-24240-8　JASRAC 出2210353－201